JAPAN

趣味日本史

〔日〕古市宪寿—著

李叶—译

浙江人民出版社

图书在版编目（CIP）数据

趣味日本史 /（日）古市宪寿著；李叶译. — 杭州：
浙江人民出版社，2024.3
ISBN 978-7-213-11268-3

Ⅰ. ①趣… Ⅱ. ①古… ②李… Ⅲ. ①日本－历史－
通俗读物 Ⅳ. ①K313.09

中国国家版本馆CIP数据核字（2023）第230709号

浙江省版权局
著作权合同登记章
图字：11-2022-237号

趣味日本史

QUWEI RIBEN SHI

[日]古市宪寿 著 李 叶 译

出版发行：浙江人民出版社（杭州市体育场路 347 号 邮编：310006）
市场部电话：（0571）85061682 85176516
责任编辑：郦鸣枫 李 楠
特约编辑：王子佳
营销编辑：陈雯怡 张紫懿 陈芊如
责任校对：姚建国
责任印务：幸天骄
封面设计：异一设计
电脑制版：北京之江文化传媒有限公司
印 刷：杭州丰源印刷有限公司
开 本：710 毫米 × 1000 毫米 1/16 印 张：14
字 数：162 千字
版 次：2024 年 3 月第 1 版 印 次：2024 年 3 月第 1 次印刷
书 号：ISBN 978-7-213-11268-3
定 价：55.00 元

如发现印装质量问题，影响阅读，请与市场部联系调换。

前　言
轻松愉快阅读日本史

● 日本史教科书无聊的原因

日本的历史爱好者颇多。特别是最近每年 NHK 电视台都会播放的大河剧[①]，收视率居高不下。司马辽太郎、池波正太郎等历史小说领域的大家，至今依然人气爆棚。想必很多人都曾有过就"最喜欢的历史人物是谁""最强的武将是谁"等话题聊得热火朝天的经历吧。

然而，虽说有人喜欢坂本龙马、织田信长，但又有多少人切实掌握了从远古至现代的日本通史？特别是在学生时代，又有多少人把历史教科书从头至尾通读过一遍呢？我想这样的人绝对不多。

今天的书店里陈列着不计其数的日本史相关书籍，它们几乎都以"简单易懂"为卖点吸引读者，这足以证明对历史学习感到无从下手的人比比皆是。

那么，为何人们学不好日本史呢？我认为最主要的原因是需要记住的人名和专有名词实在是太多了。如高中生备战高考时使用的《日

---

①　大河剧是指长篇历史电视连续剧。"大河"来自法语中的"roman-fleuve"（大河小说）一词，即以家族世系的生活为题材而写成的系列长篇小说。大河剧是大河小说的电视版。——译者注

本史用语集》①里收录的"学习必备用语"条目竟多达 1.7 万个。虽说未必要对所有用语如数家珍，但词条数目也实在多得惊人。

不仅如此，历史教科书中也没有跌宕起伏的情节，尤其是古代史和中世史，只是单纯地罗列一遍当权者的更替②，读起来味同嚼蜡。

试想，若是用同样的手法讲述平成史，一定更加无趣。如未来的教科书里关于"平成时代"或许会这样写："在 2009 年的众议院选举中，民主党派候选人鸠山由纪夫赢得选举，成立内阁，但政治献金丑闻及普天间基地搬迁问题③导致其支持率不断走低。不久，首相一职由菅直人继任。"如果只是像这样一味陈述日本内阁更迭的情况，后人又会做何感想呢？

他们一定会误以为平成是个超级无聊的时代吧。

实际上，平成这 31 年可比上面这寥寥数语精彩多了。在这 31 年里，《航海王》和《名侦探柯南》开始连载。更重要的是，互联网与智能手机爆发式的普及，使人们的生活方式经历了翻天覆地的变化。

2016 年，一本名为《人类简史》④的书进入畅销榜单。我想它最大的魅力在于作者不依赖专有名词来叙述历史，而是通过共享"虚构

---

① 《日本史用语集改订版 A·B 共用》，山川出版社，2018 年。

② 例如"810 年，平城上皇试图复位并迁都平城京的计划失败，史称药子之变（平城上皇之变）。嵯峨天皇便以此为契机，设立保护政务机密的'藏人头'一职，并任命藤原冬嗣担任此职"。详见五味文彦、鸟海靖编：《新再读山川日本史》，山川出版社，2017 年。

③ 自 2002 年以来，鸠山每年从母亲处得到的资金援助高达 1.8 亿日元。日本法律规定，政治人物接受的个人政治献金，哪怕是来自亲属，其价值总额每年也不得超过 150 万日元。

④ 2016 年由日本河出书房新社出版的尤瓦尔·赫拉利的《人类简史》，因多数人只读完上卷便放弃了而家喻户晓。

想象"将人类的发展进程梳理成一条简明易懂的故事线。①

读那本书时，我曾设想过，能不能用同样的手法讲述日本史呢？而且还必须尽可能地简洁明了。

● 想看有趣的日本史！

一言以蔽之，即"想看有趣的日本史"。尽可能不依赖专有名词，从更客观的角度出发，宏观把握日本历史，即用上帝视角去描述它。

不过，我并非日本史领域的专家，也无法凭一己之力开采古坟，抑或发现古代文献资料。所以，我提出的不过是一个倡议：或许这样读日本史会更容易理解，也更有趣。

本书由两部分构成。

第一部分可以概括为"日本全史"。即一气呵成地讲述日本列岛从诞生到未来消亡的全过程。阅读完第一部分，你应该至少能掌握日本史的"脉络"。

第二部分以章为单位，不仅设置了"稻米""家庭""战争"等主题，还用比第一部分更快的节奏来回顾日本史。且说"稻米"也好、"家庭"也好，如果从列岛史的角度去思考现代人所坚信的那些"传统"，你便会发现事实上它有多么"新"。

通读本书，你相当于重复学习了日本通史 8 次。比起坚持啃完冗

① 人类与动物不同，会思考眼前看不见、摸不着的事物。"国家"与"货币"之所以成立，正是因为人们相信这种共享的虚构。马克思主义、"共同幻想"论和"想象的共同体"论等针对这一话题的社会科学讨论经久不衰，《人类简史》则将"想象的共同体"的历史扩展到 7 万年以前。

长难懂的教科书，通过快速阅读几个简洁的专题史，能从更多维度加深对历史的理解。

此时，你会感到"心情愉悦"。就像从高塔的瞭望台鸟瞰街区那样，欣赏只有在高处才能看见的风景。希望大家在学习日本史的过程中也能体会到把握全局的快乐。

如果能试着在脑海中构建起一张俯瞰图，就算比本书更为难懂枯燥的历史书也会让人诵之行云流水，听之金声玉振了吧。

而且，你从任何一章开始读起都没关系（因为重大事件会反复讲解）。有些地方不可避免地使用了一些专有名词，但没必要全部死记硬背。读到难懂或者无趣的部分，你可以直接跳过[①]。

● 愉快阅读历史书的秘诀

愉快学习历史的秘诀在于掌握基本框架。虽然这么说可能会引起历史学者的不满，但我认为先掌握基本框架非常重要，即使是囫囵吞枣也无妨。

日本史可以划分为三个时代：散居的人类在一部分统治者的带领下过上群居生活的"古代"（第一、第二章）、局势逐渐崩溃的"中世"（第三、第四章），日本列岛再次合而为一的"近代"（第五—第七章）[②]。

---

① 像这样的注释其实跳过不读也没问题（虽然这一提示对正在读的你来说像是事后诸葛亮）。注释中记载着比正文更详尽的信息和容易获取的参考文献。

② 教科书将日本史分为"古代""中世""近世""近代""现代"五部分。"近世"多指从丰臣秀吉和织田信长统一天下到江户时代，"现代"多指1970年以后。

只要清楚自己在读"古代""中世""近代"中的哪一个时代，历史就会一下子变得清晰起来。实际上，在多数情况下，日本史并不能简单被划分为这三个时代，但记住其发展进程是"聚集—崩溃—再聚集"绝对大有裨益。阅读本书以外的历史书也同理。

完全没有必要死记硬背年号。实际上只要你大致把握以下时间段并将其视为坐标，便不至于迷失在历史的长河里 ①。

> 大约 4 万年前，人类到达日本列岛。
> 公元 700 年左右，"日本"这一国号诞生，日本国最高统治者开始被称为"天皇"。
> 公元 1100 年左右，"古代"落幕，日本进入群雄割据混战的"中世"。
> 公元 1603 年，江户时代伊始，日本持续稳步发展。
> 公元 1868 年，明治时代后，日本列岛迅速统一。自此，"近代"的大幕隆重拉开。

阅读完本书，无论是高考历史教科书和参考书，还是书店里林林总总陈列的日本史读本，对你来说应该都会化为小菜一碟。若有更多人能以本书为切入点，对日本史有所改观，我将欣喜至极。余霞散绮，书不尽意。最后一点，正如标题所言，本书绝对会让你爱不释手。

---

① 关于时代划分有诸种方式，本书涉及的事件也有诸种说法。本书大体采用了传统意义上的划分方式，有兴趣的读者也可以通过罗列的参考文献等加深理解。

C目录
Contents

第十四章　描述历史的日本史 // 191

后　记 // 206

第一部分

通史篇

第一章
日本诞生于何时（旧石器时代—绳纹时代）

大约 300 万年前，日本列岛形成。随后，时间的巨轮飞速碾过。大约 4 万年前，人类抵达这里，并在之后的很长一段岁月里过着平静的生活。然而，大约 3000 年前，随着群落的发展，战争开始频发。

在书写历史时，"从何时开始"一定是首要问题。

如今生活在日本列岛上的日本人，会理所当然地以为"这里从古至今一直生活着日本人"。

比如，日本史教科书上写着："大约 2 万年前，冲绳居住着港川人①。"然而，是否能断言此处的"港川人"就是日本人呢？

日本史教科书上之所以有"港川人"的相关记录，与如今冲绳是日本的领土有很大关系。不过，"港川人"必定不会认为自己是日本人。当时别说"日本"这一国号，连支配整个日本列岛的统治机构都尚未出现。

---

① 港川人是出土于冲绳县八重濑町的史前人骨化石，其生存年代被认为是在距今约 18000 年前，身体构造特征与随后出土于日本本州的绳纹人大相径庭。因此，近年有学者对港川人能否算作绳纹人的祖先提出质疑。详见片山一道著：《骨骼承载的日本人历史》，筑摩新书，2015 年。

　　既然"港川人"不认为自己是日本人，那么为何现代人对日本史教科书上记载的"港川人"没有强烈的违和感呢？

　　恐怕是由于日本的岛国形象已深入人心，因而与国境线会随着时代的更迭而有所变动的欧洲国家不同，大家往往会误以为日本列岛从远古至现代，都以"日本"的形式存在是合情合理的。

　　实际上，直至19世纪，北海道和冲绳才成为现代"日本"的一部分。此前，日本列岛的东北地区和南部九州地区原本不是古代当权者们关注的要地。而20世纪，部分东亚地区被置于帝国的殖民统治之下，使当时"日本"的疆域远比现在辽阔[①]。

　　随着时代的变迁，无论疆域如何变化，"日本"的国名是不曾改变的。因此，我们才会误认为从远古时代开始日本列岛上便居住着日本人。

　　越是自称深爱"日本"的人，越容易沉浸于这些"设定"中。比如有人会说"提起日本，就不能不提稻米""真正领会稻米美味的唯有日本人"等。

　　然而事实上是直至江户时代，日本列岛上才开始普及水稻栽培。中世以前，日本各地一直以旱田耕种为主。江户初期新田开发运动兴起，水稻栽培才开始在全国范围内推广。弥生时代，水稻仅是传入日本而已[②]。

　　所谓历史，我们大多是通过"现代的有色眼镜"来看待的。若从

----

　　① 明治时代以后，曾盛行日本人和朝鲜人有同一祖先的"日朝同源论"。有人将其作为"日韩合并"及"殖民政策正当化"的借口。另一方面，也有人主张日本天皇祖先来自朝鲜。详见小熊英二著：《单一民族神话的起源：日本人自画像的系谱》，新曜社，1995年。

　　② 奥那霸润著：《中国化的日本（增补版）》，文春文库，2014年。

更为客观的角度思考，"日本"和"日本人"到底是何时诞生的呢？

● 日本诞生前的历史

由漫画改编的电影《哆啦A梦：大雄的日本诞生》[①]中将"日本诞生"设定于7万年前。电影里的设定是当时中国大陆上居住的村民们深受恶棍"巨尊比"的迫害，不堪其扰而逃到日本避难。

那么史实如何呢？

为了找到日本诞生的时刻，我们大胆地把时光指针拨回到过去[②]。大约46亿年前，地球诞生了。大约40亿年前，地球上形成了大陆。后来，经历碰撞、合并、分裂的几番轮回，大陆板块在数亿年前形成了"盘古大陆"。

距今最近的超大陆是存在于2.5亿年前的泛大陆[③]。当时，地球是由唯一一片广袤陆地及其周围环绕着的海洋延伸出的"无边无际的世界"。或许约翰·列侬[④]会喜欢那幅景象。

---

① 藤子·F. 不二雄著：《哆啦A梦：大雄的日本诞生》，小学馆，1989年。

② 关于日本列岛诞生的经过，可参考NHK特集"日本列岛诞生"制作组主编：《动荡的日本列岛：诞生的故事》，宝岛社，2017年；大卫·克里斯蒂安著：《大历史》，明石书店，2016年。

③ 泛大陆，希腊语pangaea，意为"地球整体"。环绕着大陆的海洋称"泛海洋"，意为"全部海洋"。

④ 英国摇滚乐队"披头士"的成员，摇滚音乐家。他创作的歌曲 *Imagine* 中透露出对没有纷争与界线、和平且统一世界的向往。——译者注

当时处于古生代的尾声——二叠纪时期①，体型巨大的两栖类和爬行类生物居住在这片大地上，而人类还未出现。虽然日本列岛的起源地在这片泛大陆上已经有迹可循了，但是应该没有人会认为这片区域就是"日本"吧。

实际上，那段时期发生了一次造成地球历史上"最严重灭绝"的气候变化，世间生物离全部灭绝仅一步之遥。据说95%的海洋生物和75%的陆地生物都消失在这场灾难中。虽然小型爬行类动物艰难地挺过了这场浩劫，日后又进化为人类祖先哺乳类动物，但应该也不会有人主张日本人的起源就是那些爬行类动物吧。顺便一提，适应"最严重灭绝"后的世界而繁荣发展起来的就是爬行类动物恐龙。

此时，"日本"和"日本人"仍没有诞生。

时代的车轮滚滚向前。直到距今大约3000万年前，日本列岛还是欧亚大陆的一部分。与此同时，恐龙灭绝后，大型哺乳类动物也迎来了春风得意的时期②。随后，异变始于欧亚大陆东端。在激烈的火山活动与大地震的双重作用下，大陆开始分裂。经过数百万年的漫长岁月，裂痕不断扩大，太平洋的海水逐渐涌入其中。

就这样，大约1500万年前日本列岛终于成了名副其实的"岛"。起初列岛是一分为二的，直到大约500万年前，伊豆火山喷发后群岛板块经过移动与碰撞连为一体。后来，在板块运动作用下，陆地急速

---

① 指距今大约29890万年前到25190万年前。二叠纪结束后，是三叠纪、侏罗纪和白垩纪。恐龙诞生于"最严重灭绝"后的大约23000万年前。详见史蒂夫·布鲁塞特著：《恐龙的兴衰》，MISUZU书房，2019年。

② 恐龙时代已经存在哺乳类动物了，但不够大型化和多样化。大约在6600万年前，因陨石撞击地球，恐龙灭绝，哺乳类动物成为陆地上的霸主。详见沃尔特·阿尔瓦雷茨著：《不可思议的旅程：我们的星球与我们自己的大历史》，光文社，2018年。

隆起。到了大约 300 万年前，日本列岛终于有了如今的雏形。

恰逢此时，在遥远的非洲大陆上人类诞生了。大约 700 万年前，早期人类和黑猩猩从同源祖先中分支开来。

正如他们被称为猿人般，其外表几乎与黑猩猩一模一样。此后，无数人类诞生又灭亡。与过去的教科书上写着"古猿—猿人—匠人—智人"的直线式发展进程不同，其实尼安德特人[1]等形形色色的早期人类也曾与人类的祖先共同生存在地球上[2]。

其中，唯一存活下来的人类是智人。

他们[3]在大约 20 万年前出现于非洲大陆，大约 10 万年前离开非洲大陆，开疆拓土，大约 1.5 万年前，开始居住于包括美洲在内的世界大陆各地。

智人到达日本列岛[4]，是在距今 4 万—3 万年以前了。在日本列岛各处，都发现了那个时期他们的踪迹。

不过也有学者认为[5]，除智人，还有其他人类曾到达过列岛。由于目前只出土了石器而非人骨，难以判定其是否为人造物。除非发现

---

[1] 又称穴居人，人类进化史中间阶段代表性居群人类的通称。——译者注

[2] 关于人类进化的内容可参考以下书籍：三井诚著：《人类进化的 700 万年》，讲谈社现代新书，2005 年；爱丽丝·罗伯茨等著：《DK 人类进化圣典》，河出书房新社，2012 年。

[3] 与其说"他们"，不如说是"我们"。

[4] 确凿的人类活动证据大约从 3.7 万年前开始。可参考藤尾慎一郎、松木武彦著：《从此改变！日本的考古学》，吉川弘文馆，2019 年。本书为方便起见，四舍五入为"大约 4 万年"。

[5] 松藤和人、成濑敏郎著：《旧石器所讲述的"砂原遗迹"》，HARVEST 出版，2014 年。该书认为岛根县砂原出土的石器来自距今 12 万以前的地层，由此推断除智人外其他人类也曾到达过日本列岛，而后灭绝。

新的证据，否则很难确定人类开始居住于日本列岛的具体时间。

● 绳纹时代列岛人口稀少

前往日本列岛的路径可以经由今萨哈林岛（库页岛）[①]、朝鲜半岛抑或日本南部岛屿。智人们大概就是通过这些路径陆续登陆列岛。特别是在大约 2 万年前，大型海退期[②] 来临，部分地区与亚洲板块毗连，这使得智人们的迁徙变得更为容易。

大约 1.6 万年前，平均气温低于 10℃的冰河期走向终结，温暖的绳纹时代拉开了序幕。那时的人们开始逐渐使用陶器，过上定居生活。当时的代表性群落为青森县的三内丸山遗迹。然而在那个没有网络的时代里，列岛上各处的"绳纹"也不尽相同。

据推测，绳纹时代人口最多时大约有 26 万[③]，但平均寿命不过 30 岁左右。我们可以确定当时人们已有了贸易往来，但由于列岛上人口稀少，尚未发现大规模战争的痕迹。

当然，那时列岛上还没有所谓的"日本政府"这种统治机构，也没人认为自己是"日本人"。这样的状态持续了 1 万年左右。

大约在距今 3000 年前，日本列岛突然发生了巨大变化。人们在群落周围挖出水沟，建造环濠聚落[④] 来抵御外敌入侵。

这标志着人们正式迈入定居生活和水稻种植的时代，聚落也逐步

---

① 位于日本北海道北部，与其隔海相望。——译者注
② 在较短地史时期内，由海平面下降或陆地上升引起海水从大陆向海洋逐渐退缩的地质现象。——译者注
③ 鬼头宏著：《从人口解读日本史》，讲谈社学术文库，2000 年。
④ 周围被护城河等水沟所包围的群落。水沟里有水时称为环濠，无水时称为环壕。

成为手工业发展与贸易往来的据点①。若只是和平的贸易往来确实可喜可贺，然而有时难免发生掠夺，特别是对流浪的族群来说，囤积着食物和贵重物品的聚落是上等猎物。

可是，以群落为单位的自卫能力终归有限。为了不让自己的居住地卷入战争，居民们会向附近的强大势力进贡粮食等。

这样的安全保障便是"国家"的起源。在现代，近似于给黑社会交保护费。群落间经过周而复始的战争与交涉，逐渐合而为一。

放眼全世界，在中央权力尚未形成以前，群落成员关系几乎无一例外地高度紧张，群落间更是布满了环濠和要塞②。总之，为一统天下的霸权之争此起彼落。速战速决的代表在如今的中东，那里在大约公元前 3200 年便诞生了拥有城塞和领土的共同体③，我们勉强可以将其称为国家。

日本的始祖"战国时期"（即弥生时代）一直持续到公元 200 年前后（3 世纪）④。当然，战火并非连年不断，整个列岛也没有一直处于纷争之中。但是，北部九州、吉备、出云、畿内、东海、关东等地似乎已经开始形成某种程度的地方权力集团。

---

①　简单来说，大概是在游戏《最终幻想 X》中登场的比塞德村规模吧。不过，或许这个解释也并不那么容易理解。

②　都出比吕志著：《古代国家何时建成》，岩波新书，2011 年。

③　美索不达米亚有座城邦名为乌鲁克，其内部兼具城垣、征税系统、官僚机构等。在这一点上，勉强可以称其为早期国家。详见詹姆斯·C. 斯科特著：《反谷物的人类史》，MISUZU 书房，2019 年。

④　笔者也觉得以世纪为单位不太好理解。如同"3 世纪是公元 200年""19 世纪是公元 1800 年"一般，脑海中一定要记得减 1。不过本书的目的是以俯瞰的视角回顾历史，粗略理解即可。

● **真正恐怖的邪马台国**

现在轮到著名的《魏志·倭人传》登场了。它是第一部系统地将日本列岛的实际情况以文字形式记录下来的中国历史书籍。

确切地说，并不存在《魏志·倭人传》这样单独的一本书，它只不过是 65 卷中国正史《三国志》[①]中的寥寥数笔。其中，有"倭"[②]（日本）的相关部分，位于共 30 卷的《魏志》中"东夷传"的末尾。可想而知，在当时的中国看来，"倭"是何等边远的地区。

《魏志·倭人传》中对 3 世纪中期"倭"的相关记述[③]如下。

岛上大约有 100 个国家，三国时期有使节往来的是 30 个。包括拥有约 2 万户人家的奴国、居住着千余家族的伊都国等"国家"，继续往后读便会发现女王卑弥呼统治的邪马台国[④]。

邪马台国存在身份高低之分，甚至还有奴隶。从"其犯法，轻者没其妻子，重者灭其门户"等令人毛骨悚然的记述中可见，当时已存在必须遵守的律法。此外，该"国"还存在租税制度，甚至有掌管货物流通的官吏，是职业及身份细化发展相当高级的群落。

然而，由于《魏志·倭人传》记载有误，邪马台国所在之处仍然

---

① 《三国志》主要分为三部分，其中魏书 30 卷、蜀书 15 卷、吴书 20 卷。——译者注

② 当时中国对日本的称呼，其指代范围较模糊，研究者们没有统一定论。《魏志·倭人传》中，"倭人"是指居住于日本列岛上居民的总称。也有研究者认为"倭"是蔑称。

③ 藤堂明保等译：《倭国传》，讲谈社学术文库，2010 年。

④ 据《魏志·倭人传》记载，邪马台国人有以下特征："因气候温暖而赤足，常饮酒，遇贵人时伏地拍手。位高权重者拥妻四五，女性恭谨守节不争风吃醋。"

不明。此前，"九州说"与"畿内说"（主要指奈良）一直争论不休，而最近后者正越发变得有说服力。不过，其实邪马台国的具体位置并无所谓。

究其原因，邪马台国所处的 3 世纪中叶，人们早已通过"某地"的"某证据"知晓列岛上曾存在过强大的政权了。

那么，就请允许我在此卖个关子，留待下一章揭晓悬念。

第二章
"连锁加盟经营"① 的古代政权（弥生时代—平安时代）

———————❦———————

大约 3 世纪，稳定统治列岛的王权诞生了，那些外形相似的古坟的存在便是证据。7 世纪，他们称最高掌权者为"天皇"，定国名为"日本"。就这样，列岛逐渐合而为一，进入"古代"。

古代史爱好者们乐此不疲地围绕着"邪马台国究竟位于何处"争论不休。最近甚至有邪马台国即别府温泉的奇谈怪论出现②。

然而，仅在中国历史书中现身过的"邪马台国"，所在何处其实无关紧要。究其原因，是今天的人们已经知悉当时列岛上确实诞生过强大的政治势力。

从京都站搭乘 JR 电车，大约一个半小时便可到达奈良县卷向站，其附近的箸墓古坟便是当时王权存在的力证。据推测，这座长 278 米、高 30 米的巨大前方后圆坟③ 兴建于 3 世纪中叶。

———————————————

① 拥有注册商标、企业标志、专利、专有技术等经营资源的企业以合同形式将这些资源许可给其他经营者使用，被许可者按照合同约定在统一的经营模式下开展经营活动，且需向许可人支付费用。——译者注

② 酒井正士著：《邪马台国即别府温泉！》，小学馆新书，2020 年。该书认为，卑弥呼用温泉中冒出的蒸气让众人大吃一惊。

③ 梯形上面叠摞圆形，看起来既像葫芦又像钥匙孔的古坟。因方形（四边形）与圆形拼接的形状而得名。

放眼世界，长度超过200米的巨大坟丘墓①屈指可数，而如秦始皇陵、埃及胡夫金字塔、吕底亚的阿律阿铁斯一世皇陵等巨大坟丘，无一不象征着强大的王权②。

为写此书，我曾到访过箸墓古坟，那个曾经如同风景画般富有牧歌情调的"乡间"。时至今日，古坟本身看起来也只是一座小山罢了。

箸墓古坟

兴建之时，在此处草木丛生之前，它曾是一座巨大的石雕纪念碑。在周围高层建筑不曾出现的时代里③，这座远观高达30米的建筑应该相当引人注目。

---

① 用土或石头堆积而成，形状如同小丘般的坟墓。

② 日本国立历史民俗博物馆编：《日本古坟为何如此巨大》，吉川弘文馆，2020年。该书认为日本列岛上坟丘超过200米长的古坟有40多座。

③ 现如今仍然不存在高层建筑。截至2020年，奈良县最高建筑仍为兴福寺的五重塔。

此前，列岛上也曾存在豪华陵墓"王墓"①，但像箸墓古坟级别的巨大陵墓史无前例。它的体积达 30 万立方米，与以往统治者的陵墓相比，大了近 30 倍。

同时代里，整个日本列岛都没有规模能与箸墓古坟相匹敌的巨大建筑。

换言之，无论邪马台国身在何处，当时列岛上最强的权力——大和，其势力范围必定存在于卷向附近。实际上，在箸墓古坟出现的大约 50 年以前，在大和境内出土的中国镜子与铁器便有所增加②。据考古调查确认，卷向曾存在过大型聚落，其最繁荣的时期同样是在自 3 世纪中叶起的半个世纪间③。

因此，认定箸墓古坟即卑弥呼之墓的人不胜枚举。古坟附近开着一家名为"卑弥呼庭院"的咖啡店，可供顾客体验勾玉研磨。不过，无论长眠于箸墓的人是谁，可以说此人一定是当时最高权力的拥有者。

● **兴建大而不实陵墓的理由**

耐人寻味的是，箸墓古坟修建完不久，从东北至九州的整个列岛

---

① 2 世纪后半期至 3 世纪前半期，号称"王墓"的大型坟墓如雨后春笋般在吉备、出云、丹后、大和等处拔地而起。

② 都出比吕志著：《古代国家何时建成》，岩波新书，2011 年。

③ 4 世纪后半期，因政权内势力有所变化，奈良盆地北部与大阪平原开始兴建大型古坟。箸墓古坟的所在地卷向，虽然存在人类活动的痕迹，但已经步入衰退的末路。详见樱井市立埋葬文化财中心编：《"缠向"之后》，2015 年。

便都开始兴建同样锁孔状的巨大古坟（前方后圆坟）①。为何这些华而不实的陵墓会一时间铺天盖地地出现呢？

不仅如此，这种源自奈良的风潮并非循序渐进，而是同一时间内形成，即形状相仿的古坟在列岛各地出现。也就是说，可以想见当时已然形成以箸墓古坟内长眠的权力者为核心的地域政权网。

因此，也有考古学家将这种政治体制称为"前方后圆坟国家"②。

总之，这种政治体系近似如今所谓的"连锁加盟"。可以试想一下我们将街边的杂货店全都改头换面成7-11连锁便利店。要成为7-11旗下一员便需要缴纳加盟费和专利使用费。作为回报，加盟店可以使用7-11的物流渠道，还可以在店内出售7-11特有的金牌炖牛肉与吐司面包等商品。而且，从结果来看，这些店铺也更容易获得周边居民的信赖。

3世纪中叶，列岛上其他地区也出现了类似情况。吉备与出云等地方政权虽已初具规模，但作为以大和地区为中心的"前方后圆坟国家"的一员，似乎继续作为地方势力更有利可图。

具体来说，"利"是指新技术的获取与威信的授权。

巨大古坟并非随意堆砌石块便可建成。设计与测量这类土木方面的技术自不必说，祭祀方面的功能也不可或缺。可见，古坟周围一定汇集着来自大和的专家，仿佛形成了一个重要的文化中心③。

---

① 准确地说，该时期同时出现了前方后圆坟与前方后方坟。两者基本尺寸比例一致，互不冲突。

② 广濑和雄著：《前方后圆坟国家》，中公文库，2017年。

③ 在东日本，用西日本工法建造的古坟随处可见，足以证明大和政权派遣的技术人员参与了东日本古坟的兴建。不过，古坟时代前期，也有部分西日本技艺仅一代便失传了。地方权贵与大和政权间的关系终究也只能依靠个人相连。详见青木敬著：《土木技术的古代史》，吉川弘文馆，2017年。

不仅如此，当时巨大古坟都兴建在交通要地[1]。也就是说，古坟建设的目的之一是向势力范围内外的众人炫耀"我们拥有至高无上的权力"。

其实，若仅想炫耀古坟的巨大，完全没必要拘泥于锁孔形状的前方后圆坟，金字塔形状应该也不错。然而，如"珍百景"中出现的那般造型奇特的古坟并没有出现。那么，为何各地没有发挥其独创性呢？

大概地方政权是想通过展示大和政权为自己的后台，来提升自身的威信吧。因此，保持古坟形状相同至关重要。从该意义上说，前方后圆坟的特殊设计与贴在 7-11 连锁店内的商标作用大同小异。

● 大和地区存在"国家"吗？

姑且把箸墓古坟周边的衍生政权也算作大和政权吧[2]。那么，是否能将"前方后圆坟国家"大和政权的成立视为"日本的诞生"呢？

如今的国际法规定，国家应具备以下条件：永久的人口、固定的领土、有效的政府、与他国交往的能力[3]。大和政权拥有足以兴建巨大古坟的劳动力，存在统治日本东北地区至九州地区的政府机构，此外，还与大陆及朝鲜半岛有贸易往来。

然而，早期大和政权若是穿越到现代，能否被认定为"国家"就比较微妙了。首先，大和政权不曾统一管理日本列岛上的全体居民。日本正式导入户籍制度不过数百年，当时各种地方势力仍强大

---

① 时至今日，已大多是远郊了。

② 他们对外声称"倭国"。当时还没有"大和"的汉字表记，最近多被称为"倭政权"或"YAMATO 政权"。

③ 此规定来源于 1933 年由美国及中南美国家共 19 国缔结的《蒙特维多国家权利义务公约》第一条。

到不容小觑。

大和政权虽然位居政治体制顶端，但实际情况反而近似联合政权。况且，王权也并非被某个特定家族垄断，而是由多个首领共同享有①。如后来天皇家族般以血缘关系为依据的政权世代相传，在"前方后圆坟国家"成立时期应该还不曾实现。

其次，当时还不存在现代的国界线。原本北海道、日本东北地区北部与冲绳均不在其统治之下。既然是通过地方政权间接统治，那么大和政权究竟保有多少"货真价实的领土"呢？

若用比喻来说明，大致如下：

毋庸置疑，奈良有个名为"大和"（或"倭国"）的总公司诞生了。然而，存在若干势力大到能够压制总公司的地方加盟店店长。总公司的社长并不能保证把自己的公司传给儿子，只能从多个有权有势的家族中挑选继任者②。如此想来，3世纪成立的大和政权与现代日本相比，可谓是大相径庭。

● **总公司连锁加盟模式的崩溃**

然而，随着时间的演进，连锁加盟店总公司大和政权对地方加盟店的控制日益增强，向其派遣总公司直属的工作人员，严格禁止其擅自进货。结果，加盟店的经营方式变成了近似于直营店。

---

① 早期大和政权让各方首领将前方后圆坟集中建于三轮山附近，以示"同伴"感。不过，他们的住所分散在奈良盆地各处。详见广濑和雄著：《前方后圆坟的世界》，岩波新书，2010年。

② 即使在现代，也有龟甲万酱油株式会社采用类似经营模式。1917年，原本是竞争对手的茂木6家、高梨家、堀切家等公司合作成立酱油制作公司龟甲万，社长人选便从8个合伙公司中挑选。

5 世纪左右，划时代的巨变发生了。当时，大仙陵古坟（仁德天皇陵）等超大型古坟陆续建成——收入世界遗产名录，"前方后圆坟国家"迎来了其繁荣的巅峰时刻。

我曾到访过大仙陵古坟，它比想象中更大。长 840 米，宽 654 米，高达 36 米，大小与一座"山"无异[1]。据资料显示，以古代工法建造来计算，若以日均 2000 名劳动力工作计算，至少也要花上 15 年零 8 个月[2]才能建成。

当时列岛上的人口充其量数百万[3]，其工程之浩大可想而知。单是供应劳动者的口粮，便必须依靠广袤的农田才能实现。

现代人手下即使有 2000 名能随意差遣的工人，要兴建大型古坟也是举步维艰。一般来说，当时应该并未普及文字的使用，但设计图似乎已经存在，管理者也经验十足。可见"大和政权"的麾下势力已经具备相当规模了。

想必沿陆地交通线兴建如此超大型古坟，也有向国外使者炫耀大和政权实力的意图[4]。

显然，兴建该古坟的王权试图制定一套中央集权机制。然而，在身份编号与地方补助皆无的时代里，如何才能实现对地方的统治呢？[5]

---

[1]　遗憾的是，由于古坟规模过于庞大，视野所及不够清晰。因陵墓由宫内厅负责管理，内部不开放参观。附近也没有超高层建筑，无法将全貌尽收眼底。从堺市政府 21 层观光大厅观望，因高度不足，无法辨别出前方后圆坟的标志性形状。

[2]　大林组编：《复原与构想》，东京书籍，1986 年。

[3]　因缺少文献资料，古坟时代的列岛人口数量暂且不明。据鬼头宏在《从人口解读日本史》一书推测，弥生时代人口大约 60 万，奈良时代大约 451 万。

[4]　仓本一宏著：《战争的日本古代史》，讲谈社现代新书，2017 年。

[5]　在现代日本，虽然存在身份编号，但也没能实现居民的统一管理。

最简单的方法便是派人去地方上任。有学者认为，事实上，之前不存在族谱的地方突然冒出几座古坟，便是中央任职的官员被派遣至地方的证据。①

当然，也有地方政权对此不满。长期以来，作为连锁加盟店，明明一直孜孜不倦地为总公司做贡献，突然空降一名总公司员工当店长，换成谁都不会心情愉悦吧。

后来，日本官方历史书《日本书纪》专门以"吉备氏之乱""磐井之乱"来讲述当时地方权贵们的叛乱。

● 古代国土统一战争?

爆发于 527 年、为期一年半的磐井之乱，以大和政权消灭了磐井这支九州北部的超名门豪族而告终。但以磐井埋葬于大型前方后圆坟中来看，可见这支家族也是"前方后圆坟国家"中的一员②。

当时的古坟等级森严，只有当地权力之首才能兴建前方后圆坟，其手下的地方权贵只允许建造圆形坟，而且此规则适用于整个日本列岛。据说在九州，"石"为权力的象征，在墓中埋葬的全副武装的石人和石马等用石头制成的装饰品是九州人团结一心的证明。③

简而言之，九州接受了"前方后圆坟国家"制度的同时，还保持着独有的文化。可以想象成某家店加盟了 7-11 便利店，但同时会在

---

① 都出比吕志在《古代国家何时建成》中列举了埼玉的稻荷山古坟与熊本的江田船山古坟。

② 据《筑后国风土记》记载，九州北部最大的前方后圆坟岩户山古坟，即磐井之墓。

③ 八女市岩户山历史文化交流馆编：《常设展示图录》，2015 年。

店内出售当地老奶奶种植的蔬菜，或是擅自将招牌的颜色改成蓝色。

尽管奈良与九州相距甚远，但两地似乎在某段时期内一直保持着良好关系。5世纪，东北亚地区开始呈现紧张局势。位于朝鲜半岛的百济与高句丽的战争进入胶着状态，大和政权便对其有了觊觎之心。

6世纪，朝鲜半岛战争尚未结束，大和政权持续支援百济[1]，要求九州为其提供士兵、马匹与船只。而另一边，磐井却与大和政权视为敌人的新罗私交甚好[2]。

这一局势致使大和政权与磐井不宣而战。事到如今，先撕破脸的是哪一方已无从得知。从大和政权的视角来看，此为磐井引发的"叛乱"，但实际上这次战争是"国土统一战争"[3]。

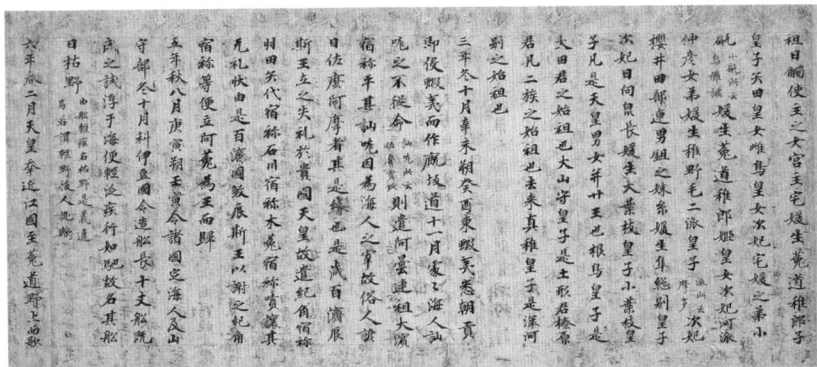

《日本书纪》节选

据说，当时的大和政权首领成长于越前（福井县），与上一任首

---

[1] 传说日本国宝之一的隅田八幡神社人物画像镜是当时百济首领武宁王赠送给继体天皇的礼物。两人似乎存在着某种紧密的联系。

[2] 磐井麾下久留米的权现冢古坟中出土了新罗样式的陶器。详见柳泽一男著：《筑紫君磐井与"磐井之乱"》，新泉社，2014年。

[3] 吉田晶著：《古代日本国家的形成》，新日本出版社，2005年。

领的血缘关系相距甚远。因此，他自即位起，足足 19 年间不曾踏足大
和一步①。简而言之，磐井之乱可以视为脆弱的大和政权与擅自与朝
鲜半岛建交的九州政权之间的战争。若磐井胜，或许九州会诞生一个
独立国家也未可知。

　　然而 528 年之时，磐井之乱被镇压。据《日本书纪》记载，磐井
之子向大和政权进献直辖地②以豁免死罪。后来，磐井一族虽未被赶
尽杀绝，但自此便臣服于大和政权之下。

● **日本臣服于中国的理由**

　　不过，当时的大和政权同样臣服于中国，狐假虎威③，以掌握统
治列岛的实权。古今中外，逞强称能者采取的行动总是如出一辙，即
吹嘘自己与身份高贵者之间拥有深厚关系，比如"我可是山口百惠的
熟人呢"之类的。

　　那么，大和政权为何会甘愿向中国俯首称臣呢？因为，当时正值
对朝鲜半岛展开军事行动之时，中国的权威在其中不可或缺。对大和

---

　　① 上一任武烈天皇驾崩后，"应神天皇五世孙"继体天皇即位。两者
血缘关系过远，也有学者解释是因王朝更迭而造成。但继体天皇之妻为雄略
天皇的孙女、仁贤天皇的女儿、武烈天皇的姐妹。简单地说，继体天皇即"赘
婿"，可见当时的皇位并非"父系"继承。

　　② 直辖地又称屯仓。顺便一提，大和政权之所以没能将磐井一族斩草
除根，大概是因为九州北部势力的顽强抵抗不容小觑吧。

　　③ 例如，5 世纪时大和政权首领向中国（南朝宋）派遣使者，南朝宋
皇帝授予其"安东大将军、倭国王"称号。随后，该首领请求为麾下的倭人
授予将军谥号。因自身领导力不足，他试图建立"中国皇帝—倭国王—倭国
臣子"的等级制度。详见河上麻由子著：《古代中日关系史》，中公新书，
2019 年。

政权来说，确保获取朝鲜半岛的铁资源与先进技术关乎生死存亡。

说起铁这种资源，有着"金属之王"的美名，冶铁业是当时最先进的科技。

制铁技术也被称为改变世界历史的重大发明之一。铁不仅异常坚固，而且可以任意加工。当权者们无一不对既可打造强力武器又可制造有益农具的铁垂涎欲滴[①]。虽然在现代人眼中，铁普通至极，可在当时是魔法般神奇的材料。

在地方看来，加盟大和政权的好处之一即能够获得铁资源。5世纪—6世纪前半期，随着铁器生产据点集中化，大和政权成功垄断了铁资源的进口与冶炼[②]。

就这样，中央实力日益增强的大和政权，越发有了国家的模样。其结果便是那些曾兴建于列岛各地的前方后圆坟于6世纪迅速销声匿迹。

古坟的消失并非由于大和政权势力的减弱，恰恰相反，因其统治体系完善，不再需要特意兴建标志性的大型古坟。

● "日本"国号的秘密

历史的车轮终于进入700年，沿用至今的国名"日本"就此诞生[③]。"日本"名如其意，即太阳升起的地方，但对日本列岛的居民

---

① 大约4000年前，安纳托利亚人发明了冶铁术。从高楼、桥梁、汽车至日本刀，如今铁依然应用广泛。详见永田和宏著：《人类如何制铁》，讲谈社，2017年。

② 土生田纯之著：《古坟》，吉川弘文馆，2011年。

③ "日本"国号直至703年向唐朝朝贡时才被认可。这一国号在日本国内的诞生时间尚不明，通常被认为在670年以后。

来说，日出的地方理应在更东边才对。

　　毫无疑问，这是以唐朝为中心而命名的国号。在当时的汉语中，"日本"似乎是意为"远东"[①]的普通名词。简言之，特意以"日本"自称之举，意在昭告天下加入当时以唐朝为中心的国际秩序，是一种仰视的从属精神[②]。

　　当时的日本政权不仅改变了国号，还制定了律令（现称法律），即完善了官僚机构、居民户籍管理、征税及征兵制度。教科书上称这样的国家为律令国家。

　　律令国家"日本"与明治时代出现的"大日本帝国"[③]有异曲同工之处。当权者一改以往依靠强劲豪族与地方权贵的国家构造，试图建立起以"天皇"为君主的国家。"天皇"这一称呼便诞生于此时[④]。

　　若继续沿用前文中连锁加盟来比喻，日本列岛上全体居民相当于公司职员。位于奈良乡下的总公司则统治着列岛。

　　管理居民的基础是户籍与赋税。地方会将居民的姓名、年龄、性别、身体残障程度、痣的位置等身体特征记录后报送中央政府。中央则以此为依据拟定税制计划。

---

　　①　大津透著：《律令国家与隋唐文明》，岩波新书，2020 年。

　　②　叫嚣着日本国宪法"强加于民"者难道对国号"日本"没有任何想法吗？就笔者而言，只要使用方便，成立过程无须细究。

　　③　日本曾经使用的国号。该名称源自《大日本帝国宪法》，1936 年后才成为官方文件上的通用国号。1947 年《日本国宪法》颁布后，日本官方不再以此为正式国号。国际上多用此来指称日本从 1868 年明治维新开始到 1945 年二战战败之间，天皇掌握政治实权、对外施行扩张政策的历史时期。

　　④　在"天皇"以前，人们普遍使用"大王"一词。日本史为方便起见，"天皇"称号诞生前的大王也统一称为"天皇"。另外，"神武""雄略"等汉式谥号是 8 世纪后才追封的。

看，日本终于有些"国家"的样子了吧。而且，事无巨细地皆以文字形式保存也是律令国家的特点之一。

在这个国家里，"国民"身为"日本"的一员有纳税义务。除贡奉所收水稻和当地特产，还需酌情提供劳动力[1]。

这样写，或许会令大家认为，"国民"看上去负债累累。

然而，在律令施行之前，某些地方首领会随心所欲地将居民当作奴隶使唤。律令规定"杂徭"劳役的年均工作时长不得超过 60 天。总之，律令为地方豪族的肆意掠夺踩了刹车，换句话说，即在某种意义上使"国民"负担趋于平等[2]。

不仅如此，中央还会向地方派遣名为"国司"的地方官，令其传授农业与医疗相关最新技术的同时，了解民间疾苦并宣传宗教思想。

有这样一段小插曲：某国司到地方赴任，提出诸多琐碎指令，比如田埂行道上要种植果树等。起初居民大为不满，但到丰收之时又感激不尽[3]。

此外，饥荒与疫病肆虐之时，政府会优先向老年人和无依无靠的穷人提供稻米。虽然这还远不及现代社会保障制度可靠，但以"国民"身份成为"日本"的一员定是大有裨益。

---

[1] 教科书式的说明为"租庸调"。租为按人口分配的田地面积纳田租；庸为贡奉布匹等以替代劳役；调为贡奉物品以示对王权的臣服。此外还有"杂徭"劳役、兵役等。详见浅谷弘等编：《日本法制史》，青林书院，2010 年。

[2] 宫地正人等编：《国家史》，山川出版社，2006 年。

[3] 典故出自日本正史《续日本书纪》，其中多少有些夸张之处，但至少可知教导居民的地方官是受尊敬的。

● 纳税是"求神庇佑"的延伸

即便如此，我们尚有疑问。不言而喻，如果居民向近邻的掌权者纳税，可获得等价的安全保障。但是，远在九州与关东的居民会心甘情愿地向中央政府缴纳税金吗？

这里或许应该有宗教力量出场了。在几乎没有什么先进科技的古代，仅因不良气候导致的农作物歉收便足以引发人类相继死亡。他们唯有"求神庇佑"。若将向中央政府纳税想象成"求神庇佑"的延伸，便可豁然开朗①。即使在现代，事先宣传"纳税有益"的话，或许反对日本消费税上涨的人也不会如此之多。

有了户籍与征税制度，古代日本列岛居民已经可以意识到"自己好像住在'日本'国里"了。虽然当时没有面向普通百姓的学校，也没有教科书，虽然他们与如今所谓的"日本国民"相差甚远，但也是知晓首领姓甚名谁、首都位于何处这类信息的。

不过，在那个电话、网络皆不存在的时代里，中央政府真的可以实现对列岛的统治吗？

他们似乎真的做到了。秘诀在于覆盖全日本的总长达 6300 千米的道路。在律令时代，道路尤其气派，各地铺设的巨大道路有 6—30 米宽。

740 年，贵族藤原广嗣于九州太宰府发起武装政变，该消息仅 5 天便传入了京城②。也就是说传令之人日行约 140 千米。

---

① 有学者认为，"租"起源于向神贡奉当年收获的初穗。"调"也是献给神与天皇的供品，具有宗教色彩。换言之，天皇被赋予的宗教力量使得中央集权国家的成立成为可能。详见大津透著：《律令国家与隋唐文明》，岩波新书，2020 年。

② 近江俊秀著：《古代日本信息战略》，朝日选书，2016 年。

据说这几乎与江户时代浅野内匠头①刺伤吉良上野介事件（即"忠臣藏事件"②）从江户传至赤穗（兵库县）的速度几乎旗鼓相当。骑马的信使接力般传递着紧急消息。多亏这条大道，中央与地方才得以紧密地互通有无。

说到基础设施，当时的首都也建设得十分雄伟。兴建于694年的藤原京是以唐长安城为原型，呈棋盘格状分布的大都市，占地面积约为25平方千米，与如今东京都港区和品川区的面积相比，有过之而无不及。

崛部弥兵卫与堀部安兵卫

无独有偶，兴建于794年的平安京内，宽30米的大道足有16条③。若放在如今，则相当于9条行车道的宽度，与日本国会议事堂正门前的道路相比也毫不逊色。

---

① 浅野内匠头即浅野长矩，1667年生于江户浅野家上屋敷。祖父浅野长重是安艺国广岛浅野氏的支流。父浅野长友是赤穗藩藩主。长矩袭父亲的藩主职位，袭封后称"内匠头"。

② 日本历史上一场有名的武士替君主复仇事件。浅野长矩在奉命接待天皇敕使一事上备受吉良上野介的刁难侮辱。他在愤怒之下刺伤吉良，被将军德川纲吉勒令切腹废藩，而吉良却未受任何惩罚。赤穗藩家臣们在为其请愿正名、复藩无望之后，取吉良首级为浅野报仇，最终均被赐自尽。"忠臣藏"意为收藏这些家臣的忠诚之心。

③ 桃崎有一郎著：《平安京无用》，吉川弘文馆，2016年。

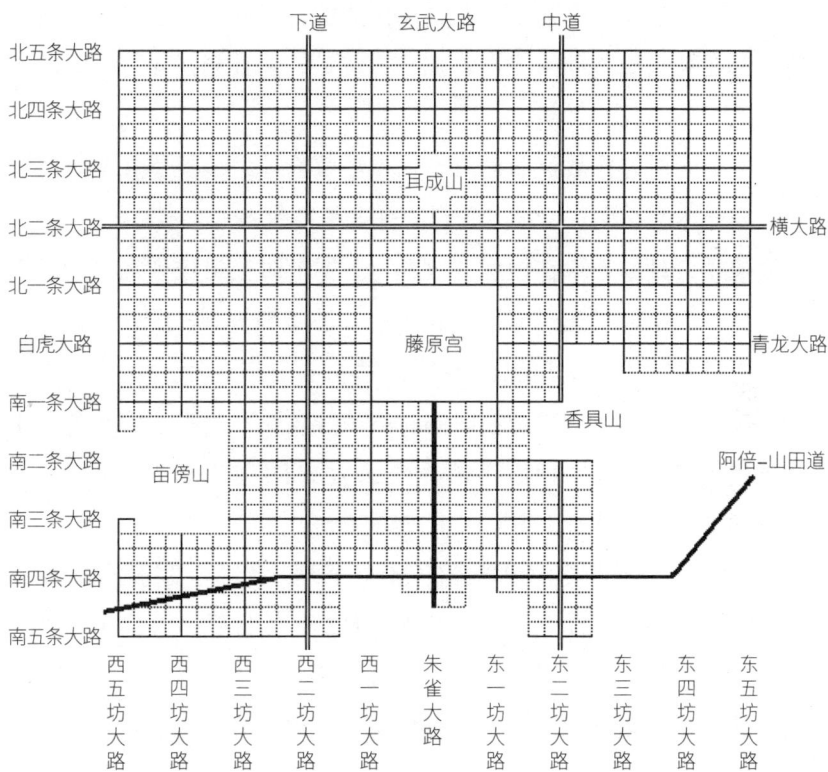

藤原京示意图

● 外界压力催生的"强大日本"

663 年，在国号"日本"诞生以前，日本于朝鲜半岛经历了古代史上的最大惨败①。

---

① 即白村江之战。白村江通常指韩国南部锦江河口及其近海，如今那里已成为非常宁静的渔村，丝毫没留下战争的痕迹。

当时，日本同与唐朝—新罗联军作战的百济联合，这令整个西日本地区都在征兵出战朝鲜半岛。据日方统计，总计超过 4 万士兵越洋参战。

几乎毫无对外作战经验的日本输得一败涂地。该战争在当时的唐朝看来完全不值一提，但日本受到的打击是致命的[1]。

战败后，日本笼罩在担忧"唐朝与新罗何时会进攻列岛"的恐惧中无法自拔，全域迅速建立以九州为中心的防御机制，配置名为"防人"的沿岸警备队，并筑起山城与堤防作为警备据点。

事实上，我们无从得知当时的日本政权顶层对来自唐朝与朝鲜半岛的进攻的畏惧程度。但毋庸置疑的是，他们巧妙地利用了涌动在列岛上的紧张情绪，进一步巩固了中央集权[2]。

670 年，日本首次全国户籍普查完成，管理"国民"变得轻而易举。

673 年，新即位的王子一改以往"大王"的称呼，开启了以"天皇"自居的时代。在"壬申之乱"皇位继承斗争中，他在向世人展示自己已成为可调遣数万兵士的"强劲王者"的同时，也加速了自我神化的进程。

689 年，国家律令体系趋于完善。694 年，藤原京建成。701 年，正式的律令颁布施行。720 年，流传至今的国史《日本书纪》完成。随后，当权者正式举兵日本东北地区北部与九州南部，"日本"领土迅速扩张。

在白村江之战战败后的大约半个世纪里，"日本"完成了中央集权。

大约 3 世纪，从前方后圆坟时期开始，在列岛上推行加盟连锁制

---

① 对唐朝来说，这是清剿手下败将百济的残余势力之战，也是应新罗王请求而加入的战争。

② 仓本一宏著：《战争的日本古代史》，讲谈社现代新书，2017 年。

的集团，逐渐加设直营店，赶走曾经的盟友，开启坚实稳固的家族经营模式，将列岛收入囊中。品牌名也更新为"日本"。

● "强大的日本"迅速崩溃？

很遗憾，律令国家"日本"并不长寿，其根本原因在于太过强硬的国家机制。

冷静思考便可明白，部分地区无法接受给远在奈良的天皇进献税金以及士兵的要求。8世纪后半期，各地纷纷出现逃税现象，如向中央进贡残次品、不遵守纳税期限，甚至纳税本身都不再执行的"拒纳"现象也开始常态化。

不仅如此，部分地方权贵在土地私有化得到官方认可后开始积极开垦土地，私有领地日益增加。起初他们还会老实缴税，但随着免税特区与中央政府管辖权鞭长莫及的区域土地获得认可，不能称之为"日本"的地区与日俱增。

另外，户籍篡改事件也时有发生，中央政府逐渐失去管理、掌握"国民"情况的能力。事已至此，对"日本"丧失信心的人可能会逃到中央政府管辖之外的区域。

道路也日渐荒废。940年，传达平将门战败而亡的消息所花的时间是藤原广嗣之乱时的1倍以上。两个世纪过去，科学技术不但没有进步，反而倒退了。

如此一来，中央与地方的距离再次拉大。10世纪，律令国家"日本"已处于崩溃的半山腰。不过，即使"日本"告终，列岛居民的生活仍将继续。

那么，一度崩溃的"日本"何时才能东山再起呢？

第三章
"小政府"时代的中世（平安时代—战国时代）

古代国家过于好高骛远。大约自12世纪开始，日本步入"天皇""上皇""贵族""武士""寺社"①等多方权力共存的中世。在此期间，中央势力削弱，地方势力崛起。

旧石器、绳纹、弥生、古坟、飞鸟、奈良、平安、镰仓、室町、战国、安土桃山、江户、明治、大正、昭和、平成、令和……说起来，该划分方式并非毫无意义，但对定位为粗略把握历史的本书来说，确实有些过于细致了。最简单的时代划分其实应该是以下三段：古代、中世、近代。该划分方式原本来自欧洲，但同样也适用于日本史。

首先，古代始于7世纪，并在8世纪达到鼎盛，那是日本列岛合而为一的时代。在白村江之战中，"日本"试图成为军事强国。结果虽未能如其所愿，但"日本"也因此有了合而为一的局面。

随之而来的中世，是统一的"日本"再度分崩离析的时代。若引用教科书式的时代划分，即平安末期至镰仓、室町与战国时代前后。也可谓是放弃了古代"终归自不量力"的野心，逐步迈向稳步发展的

① 寺庙和神社的合称。——译者注

时代。

近代是"日本"再生的时代。江户时代是准备阶段，明治时代以后，"日本"的统一与扩张计划正式启动。现代人是在近代的延长线上繁衍生息。的确，能粗略记住"古代""中世""近代"的走势便不会出错。

● 治外法权诞生

时代的巨轮碾过古代，在本章终于来到中世。预先剧透一下，中世有些难理解，甚至被形容成"如超难游戏关卡般的时代"①。

想必第二章古代的内容对大家来说如卖肉者切豆腐——完全不在话下。只要理解成这是天皇家族获取权力的历史即可。

然而中世时，"日本"一崩溃，便四分五裂。在那样的时代，多方势力混杂共存，难以用单线程梳理清楚。

那么，我们就从古代终结的原因讲起吧。

尽管研究者们对中世的理解不尽相同，但我想可以先聚焦于"庄园"，再来解释其他。据词典定义，"庄园"指不受国家统治的私有土地。那么，为何私有土地会与"日本"的崩溃有关呢？

古代日本名义上全部土地都归国家所有②，但随着国家财政的膨胀，扩张财源迫在眉睫。

---

① 出口治明著：《从0开始学习日本史讲义（中世篇）》，文艺春秋，2019年。

② 实际上"公地公民"不过是一种理念，豪族与寺院一直实行着大土地经营模式。本文为方便读者理解而采用"崩溃"一词，也可以说是对政权的"现状追认"。详见佐藤信主编：《通过主题学习日本古代史（社会·史料篇）》，吉川弘文馆，2020年。

若是在如今，可以暂不考虑下一代，发行赤字国债便可"万事大吉"，但在当时可没这么简单，除了开垦新田，别无选择。因此，中央政府出台"自行开垦土地者，国家承认其所有权"[1]之方针，即放弃了徒有虚名的"土地国有"。

此为舍名求实之举。虽然承认土地私有，但是中央政府仍没有放弃征税权，其结果便是丰富了国家财政收入。事实上，通过掌握被开垦的土地，国家统治可谓是进一步得到了加强[2]。

据说8—10世纪的200年间，日本人均GDP增长了大约1.5倍。虽说如此，也只勉强与现代最贫困国家的人均GDP比肩，但农业生产量确实有所增长[3]。

不过，此后的日本踏上了崩溃之路，且渐行渐远。如若全国百姓都只是老实本分地开垦荒地，以税收形式上缴收获的作物，大概会呈现出一片国泰民安的和谐景象吧。然而实际映入眼帘的却是权贵们的大规模土地开垦。

贵族、寺社、地方豪族在民间招募劳动力，马不停蹄地开垦土地。虽然居民们得到了相应报酬，土地却成了权贵们的囊中之物。

问题便由此产生了。

贵族与寺社用尽各种理由将其开垦的土地打造成既无须缴纳税

---

[1] 具体指723年颁布的《三世一身法》和743年颁布的《垦田永年私财法》。地方豪族原本就擅自开垦土地，此后便成了被官方认可的制度。

[2] 将8世纪进入平安时代视为律令制的崩溃之始，抑或是中央政府重振律令制的最后辉煌，至今仍存争议。详见大津透著：《学习日本古代史》，岩波新书，2009年。

[3] 按1990年的美元汇率计算，730年人均GDP为388美元，950年增至596美元。放眼中世，该数值基本呈平稳状态。详见高岛正宪者：《经济成长的日本史》，名古屋大学出版会，2017年。

金，又不受管辖的乐土。就这样，庄园内形成了一种"治外法权"。

虽然现代日本也承认土地的私有权，但一般会收取如固定资产税之类的税金。不仅如此，当时就已规定在私有土地上杀人，也必须接受日本法律的惩罚。可见，中世的庄园是多么异常的空间。

当时的中央政府也并非对这种异常状况视而不见，实际上，他们曾多次尝试将违法的庄园收归国有。

一时间，地方权贵如热锅上的蚂蚁。

如何应对当权者的严厉指责呢？各个时代的办法总是别无二致，即向"权威人士"寻求帮助[①]。

典型手段如下：首先将自己的庄园捐赠给中央的贵族或寺社，自己则作为管理人继续居住在那片土地上。当然，他们会向贵族与寺社缴纳"好处费"[②]。

不仅如此，户籍的管理也越发敷衍起来。例如，902 年完成的阿波国户籍中，不知为何 100 岁以上老人的记录特别多。难以相信当时的德岛已成为神秘长寿国，大概率是虚假的记录。因为当时规定 60 岁以上的人免缴税金，大概有很多人都在弄虚作假，企图逃税。

谎言横行于世，国家统治的根基已然动摇到如此地步[③]！

---

① 即使是在现代日本，也有记者在因涉嫌强奸罪即将被逮捕时，宣称自己在政界有强有力的线人，试图平息事端。

② 通过该手段诞生的庄园称"寄进地系庄园"。如今，与寄进相比，多数学者认为立庄才是中世庄园的起点。立庄是指以私有领地寄进为契机，得到院、女院、摄政关白家等权贵官方许可后建立的庄园。详见镰仓佐保著：《日本中世纪庄园制成立史论》，塙书房，2009 年。

③ 导入户籍的目的是为了让中央政府直接管理"国民"。10 世纪初，"个人身份管理"制度以失败告终。详见川尻秋生著：《风雨飘摇中的贵族社会》，小学馆，2008 年。

● 歌至喉咙沙哑的上皇

在此期间，原本"国家"的掌权者也不断变化。

唯天皇独尊的时代已然落幕，取而代之的是藤原氏[1]贵族大显身手的时代（969—1096 年）。紧随其后的是已经隐退的天皇—上皇争夺权力的时代（1096—1185 年）[2]。

不可思议的是，到了平成时代，退位与上皇问题却成了谈资。不过，如今这位上皇极力避免在大众面前出现，似乎与中世上皇的情况截然不同。

中世的上皇，从形象上来说是"比社长更能干的会长"。身为天皇，会被贵族政治的先例主义所束缚，无法大胆地开展事业。而一旦成为上皇，便可以无视原有规则，甚至还会插手海外贸易[3]。

最近，多数观点认为中世开启于"上皇时代"。其原因在于权力日渐分散，真正的庄园时代开始了。

上皇的权力源于对人事权的掌控与持有庄园统管权。他们收庄园为国有的同时，积极赋予大型庄园官方许可。

插个题外话，作为上皇持续活跃了 30 多年的后白河天皇，其事迹颇耐人寻味[4]。在古代与中世交替的乱世中，他运用政治权术，促进了流行文化的发展[5]。

---

① 藤原氏凭借让族内女眷嫁入天皇家而过上了荣华富贵的生活，具体内容参照第九章。

② 藤原氏时代采用摄政、关白职务的官名，史称"摄关期"。上皇时代称"院政期"。

③ 奥那霸润著：《中国化的日本（增补版）》，文春文库，2014 年。

④ 1127 生，1192 年亡。尽管一生遭遇幽禁与停政之苦，却依然同平氏和源氏交锋。史称"日本国第一大天狗"。

⑤ 加藤秀俊著：《媒体的诞生》，中央公论新社，2009 年。

据说后白河天皇痴迷于当时最流行的歌谣——今样，放声歌唱直至声带受损才停止。他用"任四季流转，日夜吟唱，无一中断"来描述自己对今样的偏爱[1]。全年无休、昼夜无休地吟唱，简直像梦想成为歌手的高中生。

后白河天皇像

其实，今样并非宫中与寺院中的御用音乐，而是民众喜爱的世俗音乐。在收集大众歌谣的过程中，后白河也平易近人地与寻常百姓交流。例如，游女们可以进出宫殿，这也成为当时中央政权重要的信息来源。游女是当时的艺人，也是旅人。在电话与网络皆无的时代里，后白河天皇靠口口相传来收集全国各地的信息。在某种意义上，痴迷于今样或许在政治上也是合理行为。

● **谁是最有权势的人**

然而，若说藤原氏与历代上皇们是绝对独裁者，似乎完全是无稽之谈。那个时代正值平氏与源氏两股武士势力崛起之际。

当时的城市治安恶化，肩负警备职责的町奉行所所持的权力日渐增强[2]。尽管也存在类似公务员的警察组织，但无奈只是少数精兵强将，难以招架臭名昭著的凶恶盗贼团——"群盗"。

---

[1] 后白河院著：《梁尘秘抄》，角川 SOFIA 文库，2009 年。
[2] 桃崎有一郎著：《"京都"的诞生》，文春新书，2020 年。

社会风气每况愈下。1156 年甚至爆发了天皇与上皇之战。在层出不穷的内乱时代，武士阶层终于登上历史舞台[①]。

在那场战争的数十年后，因建立于 1192 年[②]而声名远扬的镰仓幕府成立了[③]。但若因此就说一下子迈入了武士时代，也有失准确[④]。

这便是中世的难点所在。

古代史的主角是天皇，通过梳理他们的故事，大家便可了解大致的古代日本史。

然而，中世不存在绝对掌权者（或许正因如此，中世的历史爱好者才多）。虽然 12 世纪后半期和 14 世纪分别建立了镰仓幕府与室町幕府的武家政权，但天皇与贵族们依然有着较强的影响力。

例如，1369 年，室町幕府遇到无法处理的政治问题，仍然向已被架空的天皇请示"圣断"。且不说当时幕府作为"国王"的权力，就连京都的市政权也没能完全掌控[⑤]。

此外，寺社等宗教势力也不容忽视。他们利用分布在全国的关系网收集信息，甚至还坐拥自建的军队。

---

① 在 1156 年爆发的保元之乱中，后白河天皇与崇德上皇之战撞上了藤原兄弟之间的内战。在平清盛与源义朝兵力的加持下，后白河天皇一方最终获胜。

② 日语中"1192"发音与"いいくに"（好国家）相同。原文中"1192 作ろう"可以理解为"建立一个好国家吧"。——译者注

③ 关于镰仓幕府的成立有若干假说：有源赖朝于 1180 年建立镰仓政权说、1185 年认可守护、地头（幕府任命的地方官）设置说、1192 年受封征夷大将军说，还有 1221 年统治权囊括西国说等。这样一来，成立年份其实已经无关紧要了。

④ 若将武士定义为用武力统治地方的人，那么古代的豪族也算武士（领主制论）。因此，大多数人视国家任命的军事贵族为武士的起源（职能人论）。详见关幸彦著：《武士的诞生》，讲谈社学术文库，2013 年。

⑤ 伊藤正敏著：《无缘所的中世》，筑摩书房，2010 年。

比睿山

织田信长因火攻比睿山声名大振，但这同时也意味着比睿山延历寺亦是一个拥有强大力量的武装集团[①]。事实上，历史上比睿山方曾多次成功迫使政权改变方针。

综上所述，研究中世不会只限于研究一个问题。想必历史课上，在这一内容上掉队的人不在少数吧。

● **小政府时代**

另一方面，与古代相比，中世时期的内容即使现代人听了也能直观理解的较多。

比如，日本人热衷于谈论家族与出身一类的话题。在政界，诸如小泉家、中曾根家等世袭的政治家深受爱戴。由此可见，人们正习以

① 除织田信长，足利义教与细川政元也火攻过比睿山。

为常地用着"政界名门"一词。而"名门"指优秀的血统，意味着人们仅凭血统与家族背景来判断一个人。

如此将"家族"与"工作"挂钩的想法始于中世。追根溯源，子承父业，重视父子关系的家族制度本身便是中世的产物[1]。

家族的出现也有益于国家运营。

"官司请负制"是指由特定家族承包某项技能与职务的机制。古代是由官僚处理国家事务，而至中世，则是由家族负责处理国家大事。

历史学者矶田道史[2]将该机制称为"家元制度[3]"。

简单来说，即天皇向各个家族传令"你家负责军事""你家负责学问"等，并委以特定的工作。对天皇家来说，官司请负制的合理之处在于几乎不花一分钱便可实现国家运营。

而对各个家族来说，可通过世袭垄断被委任的工作。顶着"天皇授权家族"的权威，敛财变得有如探囊取物。

以官司请负制为代表的中世，可谓名副其实的"小政府"时代。京都的天皇家与贵族是"小政府"，与之并存的镰仓幕府与室町幕府也是"小政府"。

---

[1]　古代也崇尚血统，但更重视作为社会制度单位的"氏"。"氏"是信仰共同祖先（祭祀同一氏神）的族群。用藤原氏来举例较容易理解，传位并非从父亲传给长男，而是传给氏族内最有出息的人。详见吴座勇一著：《通向日本中世的邀请》，朝日新书，2020 年。

[2]　作为电影《殿下，给您利息！》的原著（《武士的家用账》《无私的日本人》）作者而赫赫有名。在做自我介绍时，他经常会自曝在 35 岁结婚前一直是童贞之身的逸闻。

[3]　猪濑直树、矶田道史著：《明治维新不曾改变的日本核心》，PHP 新书，2017 年。

若说"小政府"有多小，我们可以参考镰仓幕府。当年镰仓幕府既不为列岛上的居民配备社会基础设施，也不提供民生福祉。

勉强算得上镰仓幕府管辖的，大概只有统治权范围内的裁判权了①。正如传世谚语"狱前死者，若无诉讼，不予检查"所言，即使发生杀人事件，只要当事人不提起诉讼，便不作为刑事案件处理。中世也因此被称为"自救"时代。

若中央政府什么都不做，民众不就遭殃了吗？然而，现实似乎并非如此。

● 普通百姓大显身手

从国家角度来看，中世是"日本"崩溃的时代。但若换个角度，也可谓民间力量大爆发的时代。

换言之，国家力所不能及之处，各地区便可以独立发展。此前，京都贵族与寺院通过征税和庄园制将地方作物揽入囊中。一国之中，最富裕的是中央。

不过，中央失势之时，作物会留在当地②。资本的集聚促进了产业的发展。

---

① 朝廷颁布的公家法、面向幕府与当地领主的武家法、庄园领主制定的本所法曾共存一时。镰仓幕府制定的规则为：原则上不管辖庄园与公家领地的诉讼。当一方当事人归属幕府统治时，受理该诉讼，但未必按幕府的法律论处。详见浅谷弘等编：《日本法制史》，青林书院，2010 年。

② 并非单纯的庄园制衰退。室町时期，虽然贵族与寺院持有的庄园减少了，但是武家的庄园增加了。统治这些庄园的武家多数与贵族一样住在京都，也有研究者认为这些庄园与此前的在构造上别无二致。详见榎原雅治著：《室町幕府与地方社会》，岩波新书，2016 年。

　　但是，仅中央变弱并不会直接使地方变强。得益于当时科技的进步，社会亦趋于成熟。

　　中世之时，七零八落的小村落逐渐合为一体，进一步推进了农业集约化，不仅水稻与小麦的一年两熟栽培法得以普及[1]，铁制农具与牛马耕种也渐渐普及开来，农业生产力也提高[2]了。

　　中世后期，在领主与农民的共同劳动下，储水池与水渠修缮完备，开始使用水车灌溉。

　　人们衣食无忧后，社会上富余的劳动力便产生了。于是，手工业等农业以外的产业也发展起来。

　　起初，农作物与手工产品都只是应庇佑自己的权贵需求而生产。但随着生产力的提升，人们预留自己的吃穿用度后仍有富余，这部分剩余的便可以进行售卖。

　　这里再动些脑筋，应订单需求，面向市场进行商品生产的人便出现了。于是，农作物与手工产品开始在市场上流通，商业也活跃起来。

　　中世后期，像"飞驒有饼""丹波有粟""越中产织物"一样，各地的特产声名远播。

　　例如，当时全日本都在生产丝织品，但质量仍敌不过从明朝进口的高级品。而后，京都西阵经过不懈努力，才终于奠定了流传至今的西阵织的坚实根基。

　　就这样，中世地方成熟发展，流通网络四通八达。某种意义来说，作为国家机构的"日本"并不简单，列岛的一体化可谓更进了一步。

---

　　[1]　在镰仓幕府于1264年颁布的诏书中，禁止备前、备后的御家人收取秋收后、冬季两次播种时的年贡。

　　[2]　阿部猛著：《研究入门：日本的庄园》，东京堂出版社，2011年。

当时，一种名为行基图①的日本地图广为流传。该地图以平安京所在地山城国为起点，标注了通向列岛诸国的路线。尽管地图整体来看形似番薯，粗糙不堪，却大致捕捉到了日本的土地轮廓。在印刷术未普及的中世，粗略了解列岛形状的人绝不在少数。虽说当时的"日本"已经分崩离析，但与古代人相比，中世人有着更为明确的"日本人"意识似乎也不足为奇。

● **农民们的生活革命**

若书中写满颂歌，绝对会有人来批评我说"当时肯定有穷人"。诸如"'安倍经济学'的受益者难道不是只有一部分富人吗？"之类的言论也说得通，但在中世，百姓生活品质确实有所提升。

在中世遗址发掘现场，平民百姓家中也出土有漆器碗碟、各地生产的陶器等，甚至还有产自中国的瓷器。随着中央政府管理贸易的时代落幕，大量中国制品开始流入日本。

同时出土的还有铁锅与研钵，可见新烹饪方式已经普及。与古代平民百姓家只有土制餐具与煮饭用的瓮相比，中世生活确实有了很大改善②。

不仅在饮食方面，服饰上的变化也随之而来。过去的农民穿麻制衣服，睡在铺着稻草的木板上。

---

① 行基是活跃于7世纪至8世纪间的僧人。因其广泛参与社会贡献活动，受到民众的大力支持。行基图，顾名思义，相传为行基制作的地图，但没有确切的证据。

② 藤尾慎一郎、松木武彦著：《由此改变！日本考古学》，吉川弘文馆，2019年。可见古代也生产漆器，但仅由贵族与寺院独享。

随着 16 世纪棉花栽培的普及，人们开始穿着使用温暖的夹棉衣物与被褥。棉织品触感柔软，保暖性能优异且容易清洗。日本最初仅能从朝鲜零星进口棉花，后来随着中国棉花及种植技术的传入，逐步实现了棉花的本土栽培①。

中世时棉织品的普及，降低了农民的死亡率。加上同时期榻榻米的普及发展，多数人享受到了"人类"生活。

虽然当时没有近代式的学校制度，但寺社承担了教育机构的职能，即"寺子屋"②原型。例如，有种名为"绘解"的教育方式，即通过绘画向大众讲解宗教经典。

后白河深爱的今样有时也兼具启蒙歌谣的作用。例如"大师住所于何方，传教慈觉③横河御庙比睿山上，智证大师三井寺上，弘法大师高野山上"，通过咏唱旋律便可记住全国的寺庙名字与地理位置④。

传播今样的是巡游列岛的艺伎与舞伎。当时百姓的识字率较低，但得益于他们的口耳相传，地方村民也得以了解到日本列岛的情况⑤。

---

① 平安时代，棉花栽培已有迹可循，但并未普及。13 世纪至 14 世纪间，朝鲜半岛开始种植棉花、生产棉织品，并于 15 世纪初通过民间贸易出口至日本。详见增田美子编：《日本衣服史》，吉川弘文馆，2010 年。

② 寺子屋是由寺院开办、主要以百姓子弟为对象的初等教育机构，提供类似现代的小学教育，学童年龄大都在 6 岁至十几岁之间。——译者注

③ 慈觉大师，日本僧人圆仁的谥号，延历寺 3 代座主，"入唐八家"（最澄、空海、常晓、圆行、慧运、宗睿、圆仁、圆珍）之一。——译者注

④ 现代也有偶像团体"桃色幸运草 Z"的歌曲《桃色幸运草的日本万岁！》，串唱全日本 47 个都道府县的名字与特产。

⑤ 提起口承文学，琵琶法师的《平家物语》家喻户晓。他们组合成男性盲人乐师团"当道座"，曾独占"演奏权"与"著作权"等知识产权。可以说，如 JASRAC（日本音乐著作权协会）般挑剔的著作权团体于中世时就已经诞生了。

● 异常天气引发乱世

中世虽然混乱，但民众活力满满，文化百花齐放。而它的终结与气候变化几乎同步而至。

14 世纪中叶—15 世纪初期，气候相对温和。据某研究者推断，当时的日本人口已由 1280 年的 595 万增加到 1450 年的 960 万。该时期是继绳纹时代、古坟时代后的第三次人口增长期[1]，史称"室町最适期"。温暖的气候推动社会发展，促进了列岛人口增加。

然而，15 世纪前半期，名为斯珀勒极小期的太阳活动低潮期到访，日本随即也被卷入这一世界性小冰河期。

1420 年以后，夏季气温走低，阴雨连绵不断，大规模饥荒相继席卷日本各地。山崩、洪水、疫病等地狱般的不幸更是雪上加霜。

全日本农民暴动（武装起义）频发，列岛陷入一片混乱。

1467 年，京都爆发应仁之乱[2]，而此前因异常气候与饥荒，日本各地街头早已饿殍遍地。

例如，据 1461 年的记载显示，某僧人为吊唁饿死者准备的 8.4 万枚卒塔婆[3]，最后只剩下 2000 枚。当然，批判的矛头也指向了室町幕府。不识时务的将军试图将御花园修建得更为豪华，因此遭到了天皇的批判。

---

[1] 田家康著：《通过气候解读日本历史》，日本经济新闻出版社，2013 年。

[2] 详见吴座勇一著：《应仁之乱》，中公新书，2016 年。该书认为，应仁之乱爆发后，以京都为中心的政治秩序崩溃，地方的战国大名得势。他们多为室町幕府手下有军事警察权的地方官（守护）及其代理人（守护代）。

[3] 为了追善供奉，写上经文或题字后立在墓后的塔形竖长木片。——译者注

应仁之乱，选自《日本历史绘卷》

如此一来，室町幕府完全丧失了统治能力，战国时代悄然开始。

战国时代常被描绘成充满传奇的时代。英俊的战国大名[1]们赌上男人的浪漫，以寻求天下统一为目标而洒热血于沙场。NHK 大河剧多次以该时期为背景进行拍摄，《信长的野望》《战国 BASARA》等畅销游戏更是不胜枚举。

不过，若有人"梦想生在战国时代"，我绝对会竭尽全力地劝阻。因为战国是个兵荒马乱、饥馑荐臻的时代[2]。

据某寺院的埋葬记录显示，冬春交替之际，加之数十年一遇的大饥荒，饿殍枕藉，主要是因为熬不过粮食歉收的寒冬。

战国时代，顾名思义是整个列岛内战不断的时代，时间长达 100 年。若战争真如电视剧和游戏般仅为大名与士兵专属也罢，然而实际上是耕地沦为战场，房屋被焚烧，物资被掠夺殆尽。

---

[1] 战国时的大名被称为"战国大名"，指统一管辖领地的独立领主。而一般情况下所说的大名多指于江户时代直接供职于将军，俸禄在 1 万石以上的领主。两者意指有所不同。——译者注

[2] 黑田基树著：《百姓眼中的战国大名》，筑摩新书，2006 年。

不仅如此，当时盛行以赎金为目的的人口掠夺，也有人被卖至奴隶市场。据说当时这样的奴隶买卖勾当遍布全日本[1]。

因此，战国大名的主要工作便是保障百姓安全。能够确保粮食的供给，能够在紧急时刻保护百姓安全的便是出色的战国大名。这么一说，完全感受不到传奇色彩[2]。

当然，饥荒与战乱自古存在。而实际上，也有人推测[3]16世纪时饥荒的发生频率有所下降，农作物产量有所提升。可以说在战国大名的努力下，即使气候多少有些变化，"也能努力活下来"的时代正在来临。

曾经几经波折、在天皇的统治下合而为一的"日本"，如今已然四分五裂。列岛今后又将何去何从，请看下一章。

---

[1] 藤木久志著：《经过战国的村落》，朝日选书，1997年。

[2] 实际上，牧歌式的战争也比比皆是。有记载显示，他们出征时也从白天就开始饮酒，还请专业的艺人表演狂言。也有开战后仅同前线步卒小伸腿脚便结束战局的例子。详见山田邦名著：《战国的活力》，小学馆，2008年。

[3] 高岛正宪著：《经济成长的日本史》，名古屋大学出版会，2017年。

第四章
国家对暴力的垄断（战国时代—江户幕府）

●●●━━━━━◆❦◆━━━━━●●●

历经16世纪四分五裂的战国时代，17世纪伊始，"日本"再次逐渐合而为一，江户时代到来。随着新田开垦的推进，水稻栽培正式普及。实施身份制度后，人们的迁徙自由依然受限，但大众旅行业却初露锋芒。

本书进入了第四章。若是山口治明式的日本史，恐怕这一章仍在讲高床式仓库与卑弥呼的话题吧，而我们却早已来到了战国时代。

某次我去福冈博物馆，明明是早晨，馆内却已经大排长龙[①]。排队的大多是年轻女性。沿队伍追寻，原来她们的目标都是黑田家名宝展那把"压切长谷部"刀，听说是与《刀剑乱舞》[②]联名的商品。

《刀剑乱舞》是一款热门游戏，它将日本刀拟人成帅气男子供玩家操控，然后与敌方角色"修正主义者"展开决斗。托该游戏设定的福，日本各地博物馆纷纷举办起联名活动。

就这样，甚至连年轻女性也迷上了日本刀。不过，事实上日本刀

---

① 福冈市博物馆内藏有"汉委奴国王"金印。该馆监制的金印仿制品以含税4070日元的售价获得诸多好评，持续热卖中。

② 正式名称为《刀剑乱舞—ONLINE—》。2015年上线后亦推出相关动漫及舞台剧。

从未在战争中作为主要武器被使用。因为它的杀伤率还不足一成，当然无法与弓箭相比，甚至还不如投石有用[1]。

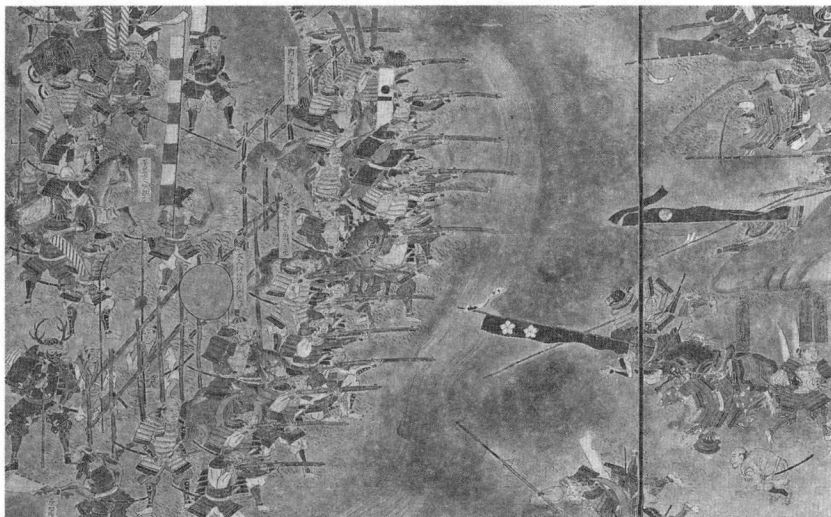

▲《长篠合战图屏风》局部，现藏于德川美术馆

◀日本刀，现藏于东京国立博物馆

◀铁炮，现藏于东京国立博物馆

① 加来耕三著：《刀的日本史》，讲谈社现代新书，2016 年。

比起日本刀，其实铁炮更为重要。因为自战国时代起投入使用，为战国时代画上句号的武器便是铁炮。

1543 年，一次偶然的机会，铁炮从欧洲传入日本。最初是权贵们彰显权威的舶来品，后来逐渐被战国大名用于战争中。天正年间（1573—1593 年）铁炮的使用频率呈井喷式增长[1]。

与弓箭和日本刀相比，铁炮的威力不言而喻，但它何以拥有如此大的影响力且足以终结战国时代呢？

秘密似乎藏在对敌方防御的突破上。铁炮普及以前，各地权贵在列岛上筑建起数万座山城[2]，甚至连小村落的领主也建立起城邦。仅凭弓箭要攻下这样的山城难于上青天。弓箭是从上方瞄准才能发挥作用的武器，如果在城壁上预留了专为射击而备的孔眼（弓狭间），则对守城方有利，可以实现闭关锁城。

然而，火绳枪的使用使攻城变得易如反掌。不仅如此，在铁炮普及后的世界，战争成了拼数量的游戏。仅拥有一两把火绳铳的军队无法战胜拥有 5000 把火绳铳的军队。因此，列岛上的战国大名煞费苦心地制造和收集铁炮。铁炮装备的先进程度逐渐成为决定战争胜负的重要因素。

其中最著名的当属爆发于 1575 年的长篠之战，连日本小学教科书也着重介绍了这场战役。东京书籍版《新社会》用横跨两页的篇幅登载《长篠合战图屏风》，强调正是铁炮决定了织田－德川联合军队同武田军队命运的成败[3]。

---

[1] 宇田川武久著：《铁炮传来》，讲谈社学术文库，2013 年。

[2] 猪濑直树、矶田道史著：《明治维新不曾改变的日本核心》，PHP 新书，2017 年。

[3] 《新编 新社会 6（上）》，东京书籍，2015 年。

仔细想来，古代天皇家族统一列岛时，当时的最先进科技铁起到了巨大作用。垄断可制成强大武器及高生产率农具的铁资源，便是他们权力的源泉。

战国大名们争夺"天下"的淘汰赛不断上演，日本列岛再次趋于统一[①]。

● 修罗时代的生存智慧

时至今日，日本的国家本质依然是暴力垄断机构。

虽然今日在日本境内，禁止杀人，亦不允许携带武器。然而，该规则也有例外。公职人员履行公务时可以对罪犯执行死刑、可以佩戴枪支。

只要国家的顶层尚未变质，那便是安全的机制。全体国民持有枪械、杀人如麻的世界，想必不会有人愿意长待。

如果"因心情烦闷便在街头无差别杀人""因餐饮店服务员态度恶劣便将其殴打致死""因年轻男子霸占爱心座位怒火中烧而杀人未遂"等事件成为常态，想必社会一刻也不得安宁[②]。然而，战国时代就是如此。

---

① "天下"原指以京都为中心的畿内地区，但从丰臣秀吉政权后半期至江户时代初期，所指范围扩展至日本全部领土。丰臣秀吉本人并未使用"天下"一词，而是简单将日本全部领土称为"日本""日本六十余州"。详见藤井让治者：《战国乱世至太平盛世》，岩波新书，2015 年。

② 虽然都是现代日本真实发生的事件，但杀人毕竟是犯罪，因此才会成为新闻。1955 年他杀死亡的人数为 2119 名，2019 年下降至 293 名（详见厚生劳动省编《人口动态统计》）。

15 世纪时，铁制农具普及，但其对农民们来说也可以用作武器。颗粒无存的农民们为谋生而团结一致，武装起义反抗战国大名①。

另外，各村定有"村掟"规则，作为对村民的惩罚，施以死刑抑或流放②。村与村之间，围绕水资源使用等问题也会发生暴力冲突，有时连 80 多岁的老人和女性也会参战。

现代社会里有采取报警、提起诉讼裁判等方式来解决矛盾，而当时几乎全部靠当事者们用武力解决，可见战国时代是何等动荡不安③。

毋庸置疑，当时人们也预料到如若矛盾上升为全民大战，会有全村遭难的风险。于是，为解决争端，通常会请周边村子介入调停。

16 世纪 60 年代，发生于近江国甲贺郡（今滋贺县）的用水纠纷事件便相当有意思。那场严重至出现死者的武力冲突由邻村长老们做出裁决。再加之所谓"遵从先例"的原则，其中一方村民受到了以下处罚：

1. 名主④们自毁家中二重门或内门，火烧之。

2. 名主们剃光头，穿黑色僧衣，做僧人打扮，前往对方村庄，于神社鸟居前谢罪。

---

① 黑田基树著：《百姓眼中的战国大名》，筑摩新书，2006 年。

② 藤木久志著：《中世民众的世界》，岩波新书，2010 年。

③ 现代也存在因为农业用水而发生的冲突。例如，1967 年在千叶县木更津的农民们因争夺水渠而引发了伤人事件。加害者用刀刃刺伤被害者，使其脸部负伤缝了 5 针（详见《争水引起的伤害》，《朝日新闻》1967 年 6 月 3 日）。另外，围绕农业用水引发的纷争称为"水论"，该词被收入夏日季语中。

④ 名主是负责处理村内年贡与公务的掌权者。随着时代的变迁，他们的职责也在转变。此处理解为村落领导者即可。

3. 焚烧农民房屋 30 所。

二重门与内门对身为村落领导者名主来说是权力的象征。在烧毁房屋的基础上，还被迫剃光头谢罪，无疑是莫大的屈辱。顺便一提，焚烧房屋与流放匹敌，同为当时最常见的刑罚。

如若有村落不老实遵从裁定的处罚，各个邻村会宣告与其"中违"（绝交），意在向其施压。人们当时亦千方百计探寻和平相处之路。

● **独裁者聊胜于无**

在绝对统治者缺席的时代里，社会往往会陷入动荡不安。回顾人类历史，你会发现比起独裁统治状态，在无政府状态下更容易发生大量杀戮事件[1]。日本战国时代就是这样。

经过一百多年的混乱，权力者对暴力的垄断为战国时代画上了句号。丰臣秀吉实现"天下统一"后，立刻颁布"人扫令"，禁止村民之间武力抗争。在此前的 1588 年，还颁布过"刀狩令"，禁止农民持刀。

有趣的是，当时的农民自行上缴了刀具。官差并没有闯进村落，而是让农民自己负责收缴武器。因此，事实上完全解除武装并非"刀狩令"的功劳。而且，没收的刀具主要为大刀和腰刀，多数村落直至江户时代仍持有铁炮[2]，且其总量与大名所持铳数相比，也是有过之

----

① 马修·怀特著：《杀戮的世界史》，早川书房，2013 年。该书整理了关于人类历史上种种暴行的内容。

② 与其说"刀狩令"是武装解除政策，还不如说其是禁止农民持刀的身份政策。详见平井上总著：《兵农分离存在吗》，平凡社，2017 年。

而无不及。

但是，农民们用铁炮无非是用来驱赶野兽，并不曾将其用于武装起义。江户时代，日本各地起义频发，用铁炮理应更妥当。虽说如此，铁炮的使用也并未成为常态，想必是农民不愿重回战国时代的自我约束发挥了作用吧。

普通人持具有杀伤力的工具与直接将其作为武器使用确实是两码事。据说在现代日本，仅官方登记在册的就有 245 万把日本刀，30 万杆散弹铳[①]。若将其作为武器全都投入使用，想必日本将在顷刻间沦为修罗之国。

不过，万幸的是，比起实际上的武装解除，人们不愿使用武器的意愿，使现实并未变成那种恐怖模样。

● 相当国际化的战国时代

在始于异常气候条件的战国时代，千千万万顽强的村民为了生计而舍弃村落成了士兵。

然而，1590 年，关东的战国大名北条氏灭亡，战争于日本列岛上销声匿迹。同年，"浪人停止令"出台，村落里开始驱逐佣兵。

以战争为生的士兵们该何去何从？出路之一便是成为大型公共基础设施建设的工人。当时，从修筑大阪城开始，城与城下町建设如火如荼进行着，填海造田、引水灌溉等大型土木工程也相继实施。

另一个出路是出征朝鲜。丰臣秀吉实现"天下统一"后，在休

---

① 河合敦著：《即将改变的日本史教科书》，KAWADE 梦文库，2017 年。

战期间见缝插针，即于
1592—1598 年间出兵朝
鲜。当时，秀吉军实有 16
万人。

关于出兵动机的谜团
颇多，历史学者藤木久
志认为是日本国内战场的过
剩精力需要在朝鲜半岛寻
求新的发泄口[1]。而事实
上，日本列岛内的武装解

丰臣秀吉像

除与对朝鲜半岛的侵略战争是同步进行的。

出兵朝鲜因秀吉的逝世无疾而终，致使不少士兵以佣兵身份漂泊
至东南亚。今天，活跃在国际上的日籍佣兵寥寥可数。可见，那个时
代反而出人意料地国际化。

据记载，当时大约有 10 万日本佣兵在外漂泊。西班牙派往马尼拉
的总督担心他们是否会将菲律宾视为新的淘金地。事实上，当时在菲
律宾从事森林砍伐、土木工程等体力劳动的前日本士兵不计其数。他
们充沛的精力让马尼拉总督提高了警惕。

另一方面，日籍佣兵在东南亚地区被当作廉价劳动力征用于殖民
地的争夺、内乱的镇压、贸易船只的自卫中。据记载，1615 年，马尼
拉总督为攻击荷兰军，曾雇佣大约 500 名日籍佣兵，然而他们行为粗
暴又不服管理，经常中途便被扫地出门。

可见"日本人拘谨内向"不过是一隅之见。反过来说，今时不同

---

① 藤木久志著：《小兵们的战场（新版）》，朝日选书，2005 年。

往昔，现代日本与当时的"日本"已相去甚远。战国乱世，是名副其实充满暴力的时代。

● 江户时代人口剧增

江户幕府沿袭秀吉的和平政策，致力于民众武装的解除。自江户幕府建立以来，农民与邻村发生武力冲突的事件层出不穷。幕府接连处罚村间私斗，为稳固通过裁断和平解决冲突之举，可谓煞费苦心[1]。

不过，江户幕府自身并没有立即切换为和平时期模式。江户时代初期，幕府保持暴力统治模式，还曾发生因百姓起义而屠戮全村的事件[2]，着实令人毛骨悚然。

1637 年，岛原之乱（岛原、天草起义）爆发，12 万幕府军屠杀了大量居民。尽管叛乱最终得以平息，但岛原、天草地区沦为不毛之地，税收骤减。

当时的江户幕府"恍然大悟"，过分屠戮居民将难以征收年贡，也无法供养藩地武士。于是，以岛原之乱为契机，幕府开始对血腥的武力专制敬而远之。

就这样，太平盛世——江户时代悄然而至。

---

① 田家康著：《通过气候解读日本史》，日本经济新闻出版社，2013 年。

② 矶田道史著：《德川建立的发达国家日本》，文春文库，2017 年。书中认为，在水户藩领土内的生濑乡，农民因对年贡不满而杀害了地方官，遭水户藩报复。藩内未留下官方记录，但据旧生濑村旧居流传的古文书记载，村民全部惨遭杀害，牺牲者多达 550 人。

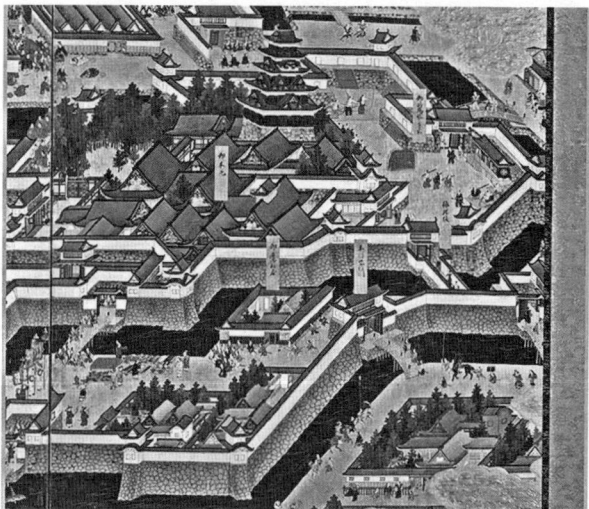

江户城

岛原之乱
原城遗址

据推测，江户时代初期 1600 年前后，人口大约为 1500 万，1721 年已增至 3128 万[①]。仅 100 年间，人口便增长了一倍。

和平盛世固然好，可为何人口会增长之快呢？若说是得益于列岛上的战争偃旗息鼓，可古代也有过和平时期。

_____

① 鬼头宏著：《从人口解读日本史》，讲谈社学术文库，2000 年。书中认为，江户初期尚未出现人口定量分析资料，多推测人口在 1000 万—1700 万之间。江户幕府于 1721 年开始进行人口普查。

况且，17 世纪的气候也谈不上得天独厚。虽然 16 世纪后半叶—17 世纪初，在小冰期的间隙恶劣气候有所缓和，但 17 世纪中叶，太阳活跃程度下降，全球气象异常。

日本列岛上也因气候恶劣而饥荒不断。特别是在 1640—1643 年发生的宽永饥荒中，至少有 5 万—10 万人因饥饿丧命。虽然在江户时代还发生了多次饥荒，但幕府并未倒台，战国时代也并未再次出现。

人口增长的原因，可以在结婚率与农业生产率的提高中找到答案。

或许在大家印象中"古代人结婚早、生小孩多"，可事实上，直到 16 世纪，农村终身未婚者仍不在少数。结婚算是继承家业的长子的特权，若非直系长子，基本没有结婚生子的自由，大多与如今所谓的"奴隶"无异。

然而，随着新田的开发，即便不是长子，也能结婚并传宗接代。换言之，此前没有结婚自由的农民也可以拥有配偶，经营农家了。如此，便形成了多数人一生至少可以结一次婚的社会[1]。

农家增多对统治者来说是一桩美事。江户时代普及的日本米，耕种起来费力劳心，因为种植时要在复杂的地形上持续保证水位平衡[2]。要管理一个以上水田，多个小家庭的合作比单个大集团来得适合。

如此一来，只要实现了对自己田地的管理，便具备了草间求活的

---

[1] 日本的耕地面积由 16 世纪末 220 公顷增至 1721 年的 296 公顷。想必是因为人口增长速度超过了耕地面积增长速度，农业生产率才有了戏剧性的提升。

[2] 时至今日，仍有观点认为日本因农业规模小，无法实现美国那样的大面积种植，导致国际竞争力弱。

基本环境 ①。事实上，此时距离人类定居日本列岛已超过 1 万年，距离开始种植水稻也超过 2600 年。

若从自由的角度来看，中世当之无愧是无拘无束的时代。农民自由地持有武器，自由地发起战争，甚至连出身下层阶级的人也可以实现"天下一统"。

然而自由通常与危险相伴而生，与安定无缘。自由却险象环生的中世，在持续了大约 500 年后终于宣告落幕。

● **江户与明治，断层还是连续？**

在第三章，我们将时代简单划分成古代、中世、近代。然而，日本史中通常将江户时代称为"近世"，意为"中世"与"近代"之间。英文写作"Early Modern"，若再译回日文，即"近代初期"或"近代前期"的意思。

事实上，没有使用"近代初期"来称江户时代，而是用"近世"，这与学界派阀间的争论有关。

一方面，有学者认为虽然江户时代出乎意料地黑暗，但好在经过明治维新，日本迅速迈入了现代文明发展进程。因此他们不愿将江户与明治一同划分为"近代"，于是便使用了"近世"一词。

而另一方面，有学者认为江户与明治没有太大的断层，两者应该共同划分为"近代"。本书采取后者立场 ②。

但毫无疑问的是，江户与明治在很多地方也截然不同。

---

① 與那霸润著：《中国化的日本（增补版）》，文春文库，2014 年。

② 本书的江户时代观受加藤秀俊著《媒体的展开》一书影响较大。

例如，江户时代的"国家"——如今说来是"藩"①。当时大约有 280 个"国家"统治着地方社会，约束这些"联邦国家"的主体便是被称为"公仪"或"天下"的江户幕府。

这些"国家"（藩）并非完全听命于"天下"（江户幕府）。幕府只认可金、银、铜等硬通货，藩却一直在自行印发纸币。应对饥荒的措施基本也交由各藩自定。江户时代同以中央集权国家为志向的古代日本和明治时期的日本性质迥异。

不仅如此，幕府与藩虽然实收了年贡，却全无造福于民的想法。他们一直想方设法地改善财政状况，却忽视"国民"的幸福。年贡不过是"地租"，即身为"房东"的幕府向"租户"农民收取的租金②。

另外，当时与今日日本国境的范围不同，概念也截然不同。虽然松前藩在虾夷地（北海道）十分活跃，但也不过是同阿伊努人进行贸易往来而已。借用社会学者加藤秀俊的话来说，松前藩近似于"寄生于北海道南端海岸，并无殖民等特殊目的的利益集团"。

琉球在明清时期，一直是中国的藩属国。1609 年，琉球虽然被萨摩藩③入侵，但也并未成为日本领土，且当时尚不存在严格的国境线。

像这样，仅看统治体制，或许会认为江户与明治间有巨大断层。然而，若着眼于人们的生活，又会看到另一番"近代初期"的情况。

---

① "藩"指江户时代大名领地及其统治机构，自明治时代起便作为固定用语广泛应用。

② 矶田道史著：《德川创立的发达国家日本》，文春文库，2017 年。该书认为，1782 年的天明饥馑以后便出现了政策变化的征兆。

③ 萨摩藩又称鹿儿岛藩，江户时代的藩属地，在九州西南部。当时其领地控有萨摩国、大隅国和部分日向国属地，琉球王国也受他们控制，领土包括如今的鹿儿岛县全域（含冲绳县的奄美群岛）与宫崎县西南部。——译者注

● 江户是黑暗时代吗？

江户时代，在"士农工商"身份制度的制约下，百姓既没有选择职业的自由，也没有迁徙的自由。想必在那样的世风下，在学校里学习的人也寥寥无几吧。

然而，如今的教科书中"士农工商"一类文字正逐渐消失，但并不代表江户时代不存在身份制度。据某教科书中记载："江户时代的社会是以统治者武士为核心，农民及町人等各种身份的人组成[①]。"并非"士"居首位、"农"居其次那般简单。

的确，江户时代存在武士、农民与町人（商人、手工业者）阶层。不过到了江户时代后期，正如彼时诞生的新词"金尚侍"所描述的那般，甚至出现了对武士身份明码标价的藩。也有的武士因穷困潦倒而出卖自己的身份，还有人废弃代代相传的武家门第，靠创办越后屋[②]取得了成功。

当时人们流动的自由也受到限制。对幕府和藩来说，直辖领地农民的年贡是基本的财政来源，因此他们对领民的搬迁尤为敏感。不过从另一角度来看，该机制与如今的护照制度如出一辙[③]。现代的日本人不可以在完全无许可的情况下前往美国或中国，但如果持护照且完成相应手续，便可以轻松地实现跨国出行。

同样，江户时代的人们也能颇为自由地在列岛内往来。特别是江

---

① 《新编 新社会 6（上）》，东京书籍，2015 年。书中并未使用专有名词，而是通过"农民与町人是指身份上受严重差别对待的人"来指被差别对待的阶层。

② 越后屋是来自越后地区的商人家族根据出身藩所取的店名，主营印染业。越后在如今的新潟县。

③ 柴田纯著：《江户的护照》，吉川弘文馆，2016 年。

户中期以后，平民旅游风潮席卷而来。放眼世界，日本当时已首先迈入了大众旅行时代①。

作为人气旅行目的地而风靡一时的，非伊势神宫莫属。如1777年，旅费储备组织"伊势讲"便招揽了大约440万成员加入。他们利用农闲期间开展的团体旅行，宛如昭和时代的"农协组织"。

特别是每60年举办一次的还愿参拜，更是有数以万计的参拜者涌入伊势神宫。据记载，1705年的4月至5月间，前去参拜的人数竟多达365万②。

就这样，在暴力弥漫的时代中苟延残喘的日本列岛，总算变成了众享旅游之乐的和平之地。想必此时与现代人所熟知的"日本"已经很接近了。不过，任何统治体制都不可能永续长存。在第五章，我们终于迎来了近代的开端。

---

① 据说大众旅行起源于1841年英国托马斯·库克发起的铁路旅行。作为热情的禁酒运动家，托马斯希望向劳动者提供"健全的"娱乐。他积极致力于为整日忙于工作的人开发"月光旅行"、周游欧洲等项目，奠定了如今团体旅游业的基础。若参拜伊势神宫也算大众旅行，那么日本人比欧洲人早了大约1个世纪。

② 即使并非还愿参拜之年，例如1718年1月1日—4月15日伊势神宫也有43万参拜者。顺便一提，2019年伊势神宫的参拜人数大约为970万。

第五章
新体系"国民国家"的导入（江户后期—明治时代）

1868 年成立的明治政府，参考西方思想技术构建起新体系"国民国家"。可以说"近代"从此拉开序幕。不过，自江户时代后期起，百姓生活水平已然与"近代"无异。

2018 年是明治维新 150 周年。日本政府官方网站主页上登载着"学习明治维新精神，重新正确评价日本"的公告，政府宣布将实施纪念明治改元 150 周年的各类措施。

例如，一年一度的国民体育大会被强行冠以纪念"明治改元 150 周年纪念"名号了，宣传温泉则以明治时代温泉圣地的发展为参照。可见当时日本政府相当希望世人以为"明治改元 150 周年"纪念活动正举办得热火朝天。

尽管对多数人来说，安室奈美惠的引退仍记忆犹新，但对日本政府而言，试图举国庆祝"明治改元 150 周年"才是重中之重。究其原因，此举等同于政府官方昭告天下：如今的日本是明治时代日本的延续。

譬如，2010 年纪念迁都平安京 1300 年，2003 年举办江户幕府开设 400 周年纪念庆典，两庆典的倡导者均非中央政府，而是隶属于地方的公共团体与民间企业。尽管数十年来，自民党政权始终以重视传统为重要政策，却似乎对比明治时代历史更悠久的平安、江户时代没那么关心。

总之，如今的日本政府或许认为明治维新才是直接催生"日本"之缘由。

● 江户后期几乎与近代无异

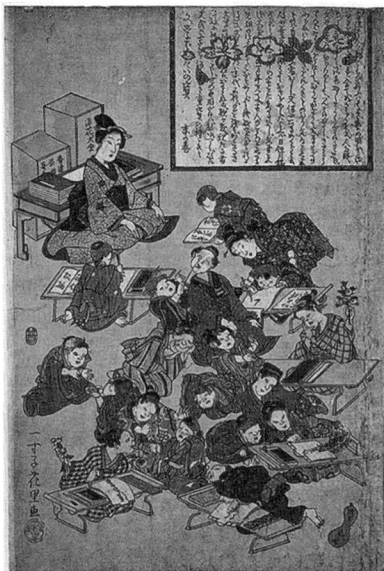

寺子屋

正如上一章列举的伊势神宫参拜，时至江户时代中期，日本百姓的生活已显而易见地丰富。

最简单的例子便是教育机构的增加。

当时，不仅各藩设置了名为"藩校"的公共教育机关，面向大众的教育设施寺子屋也在全国普及。顾名思义，寺子屋既有寺院开设的，也有地方名门负责经营的。城下町中有数百人规模的寺子屋也不足为奇。

每当战争硝烟褪去之日，便是经济蓬勃发展之时。经济活跃后，村落与家庭也随之进入了市场。商品流通、田地买卖、金钱借贷字据等相关文书的用途大幅增加。总之，若不精通读写与计算，则会蒙受巨大损失。

尽管"文字时代"早已拉开了序幕，但那时识字还只是部分精英阶层的专属。想必多数百姓感受不到学习文字的必要吧。但若因不懂文字而造成损失就另当别论了。

进入 19 世纪后，民间的教育热情越发高涨。开设寺子屋无须国家认可，因而实际数量也无从得知。据明治十六年文部省的调查显示，当时日本全国共有 11237 座寺子屋。由于调查中遗漏数据较多，推测实际数据应是该数字的数倍[①]。总而言之，列岛上数量庞大的教育机构诞生了[②]。

人口超过 100 万的特大城市江户，曾发行过木版印刷的私塾、寺子屋排行榜。因为开设的寺子屋数量多，该将孩子送往哪家的指南便不可或缺。

随着受教育者的与日俱增，民间识字率也水涨船高。因此，读书习惯在民间广泛传播开来。

1696 年，《增益书籍目录大全》出版发行。该书总计收录当时市面上销售的书籍目录近 8000 种。假设每部书的发行数量为 500 册，可计算出当时全国大概流通着约 400 万册书籍。不仅如此，坊间还出炉了发行量超 1 万册的畅销书排行榜，比现代日本几乎所有纯文学小说还畅销。在江户时代的信息洪流中，甚至连书评类图书也大受欢迎[③]。

江户幕府虽无意提高民众的识字率，但也不曾出手阻止。18 世纪的英国精英阶级似乎担心贫民在学会读书写字后，会因不满自身处境而扰乱治安，但这在日本并不适用[④]。

在测试社会成熟度的方法中，其中一种是关注暴力事件。通常

---

① 高桥敏在《江户的教育能力》中推测：最盛时，一个村落中便设有一两家寺子屋。1834 年村落总数为 63562 个，因此寺子屋数量超该数也在情理之中。

② 话虽如此，宪法并没有如现代般主张受教育的权利。总之，可以想象成几乎没有公办学校，满地是补习班的社会吧。

③ 加藤秀俊著：《媒体的诞生》，中央公论新社，2015 年。

④ 理查德·罗宾杰著：《日本人的读写能力》，柏书房，2008 年。

来说，暴力事件少、死亡率低的社会即成熟社会。

可以看出，江户时代的暴动形式相当文雅。所谓"暴动"，通常指农民进行武装斗争，向统治阶级发起攻击。中世或许是如此，而江户时代的农民暴动反而更为和平[1]。

农民暴动的目的在于减免年贡及罢免品行不端的地方官员等。他们不会突然揭竿而起，而是会先写诉状，再反复开展合法的游说运动。

如果仍无济于事，他们才会诉诸起义，但多数情况下并不依赖暴力。他们头戴蓑笠，身着农装，手持农具，只是从农民的形象蜂拥至领主门前，基本不携带武器。由此看来，大概接近如今的游行示威吧。

事实上，调查江户时代爆发的 1430 件农民运动，可知其中使用武器与焚烧房屋的案例不过 1% 左右[2]。

● **100% 食物自给率**

教育水平的提高和读书人口的增加，连暴动都变得平和的江户时代，其中不乏"江户时代，人们于'和'的连带意识中讴歌太平盛

---

① 当然，不能仅凭暴动案例数量便断言江户时代与暴力无关。与现代相比，当时的治安自然更糟糕，刑罚也更残酷，当时甚至还存在一名虚岁未满 15 岁的少年只因当街抢劫便被判死刑的案例。详见氏家干人著：《古文书中所见江户犯罪考》，祥传社新书，2016 年。

② 须田努著：《幕府末期的社会：改造万人战争状态》，吉川弘文馆，2010 年。

世"① "江户时代完全是从日本人的智慧、经验与感性中孕育而生，造就了日本史上最长久最丰饶的和平社会"② 等评价。

但若说江户时代比现代还美好，也有失偏颇。

诚然，比起自由血腥的中世，江户毋庸置疑是和平稳定的时代。但是否算得上美好，还取决于对"美好时代"的定义，因为其间至少也爆发过几次大饥荒。

尤其是 18 世纪爆发的天明饥馑，各地饿殍不计其数③。自 1783 年秋天到第二年春天，因饥荒而命丧黄泉的仅在弘前藩内便有超过 10 万人，八户藩也有大约 3 万人。

在当时的资料中，留存着大量因不堪饥饿而吞食自己手指的孩子、掘墓偷尸食用者、杀子食用的母亲等记录。据推测，天明饥馑导致日本全国人口减少 100 万以上，可谓江户时代最惨烈的一次。

不过，即使现代再现一模一样的气候情况，大饥荒也不会再次爆发。原因在于如今的日本已转变成为食物自给率低，依靠贸易解决食物需求的国家。

至今仍有人主张应未雨绸缪，提升食物自给率。然而，食物自给率几乎为 100% 的江户时代，只是面对不良气候，便不堪一击。因为当时即使同时期世界某处的粮食丰收有余，也无法进口至日本。

尽管"食物自给率 100%"听起来令人拍案叫绝，但现实中只有

---

① 渡部升一著：《不平等主义的推荐》，PHP 研究所，2001 年。

② 德川恒孝著：《江户的遗传基因》，PHP 文库，2009 年。

③ 田家康著：《通过气候解读日本史》，日本经济新闻出版社，2013年。该书认为，1782—1783 年间，因厄尔尼诺现象导致的冷夏，加之 1783年浅间火山喷发引发的阳伞效应，日本各地粮食歉收。尤其东北地区，据说稻米的收成仅为例年的一成至两成。

互相依存的世界才拥有更强的危机应对能力[1]。

另外，江户时代"环保社会"的可持续性也令人存疑。17 世纪，日本列岛戏剧性地推行了新田开发运动，耕地面积倍增，人口也有所增加[2]。然而进入 18 世纪，可供新开垦的土地日益减少，连已有耕地也变得岌岌可危。

此前，某地土地若枯竭，人们可以暂时于其他地方务农，使原土地休养生息一两年再行耕种。然而土地资源匮乏后，此路便行不通了。不仅如此，为收获肥料用草，人们开垦荒山，导致水土流失、耕地荒废。如今称此为"生态破坏"。

18 世纪，日本明显迎来了成长的极限。事实上，在这 100 年间，列岛上人口几乎毫无增长。1721 年人口为 3128 万，到了 1822 年也不过 3191 万[3]，数量基本持平。

为何人口增长陷入了瓶颈期呢？历史人口学者鬼头宏解释为，都市是作为"人口调整装置"的"蚁狮"[4]而存在的。

简而言之，因土地无法增加，农村便只有长子可继承家业。次子及其他孩子只能去城市打工。而当时的城市犹如刀山火海，不仅治安方面存在问题，还会周期性地暴发霍乱、流感等传染性疾病。

---

① 不仅是日本，据说在 17 世纪的法国，若粮食歉收持续两年，也可能导致 15% 的人口死亡。详见史蒂芬·平克等著：《人类能逃脱灭绝的命运吗》，钻石社，2016 年。不过，我们也知道，天明饥馑中因日本东北地区农作物歉收而引发大阪米价高涨，可谓市场的失败案例。

② 武井弘一著：《江户日本的转折点》，NHK 出版，2015 年。

③ 据推测，1600 年时人口为 1227 万。详见鬼头宏著：《从人口解读日本史》，讲谈社学术文库，2000 年。

④ 蚁铃的幼虫。蚁狮在沙地上制造出漏斗状的陷阱，其目的在于等蚂蚁之类的猎物掉落下来并吃掉。此处用其比喻难以摆脱的困境。——译者注

由于没有健康保险和失业保险，因身体垮掉以致命丧黄泉之人不计其数。数据显示，实际前往城市打工的年轻人中大约有四成死于这些疾病[1]。

农村过剩的人口被城市"蚁狮"吞食殆尽，因而人口整体保持着均衡状态。

经过江户时代，日本人均 GDP 约增至原先的 1.5 倍，甚至赶超了同时代的清朝。尽管如此，日本 GDP 增长率仍是 0.15% 的超低状态，完全无法与欧洲比肩。时至江户时代尾声，人均 GDP 也不过 1013 美元，基本相当于现代非洲发展中国家水平[2]。

● **江户时代不存在"日本人"**

就这样，历史终于进入了明治维新时期。

为何江户幕府一谢幕，明治时代便开启了呢？因为"佩里[3]迫使日本打开国门""江户幕府年数已尽""下层精英对幕府的不满爆发"等五花八门的原因似乎都有可能。

然而，该设问并未触及本质。

答案的重点在于，日本采用了诞生于西方国家的"国民国家"体制。换言之，即使江户幕府存续至今，其间废除身份制度并采用近

---

[1] 速水融著：《历史人口学的世界》，岩波现代文库，2012 年。

[2] 人均 GDP 按 1990 年国际美元换算。顺便一提，同时期（1874 年）英国人均 GDP 为 4191 美元，中国为 557 美元。详见高岛正宪著：《经济增长的日本史》，名古屋大学出版会，2017 年。

[3] 美国海军准将马休·佩里是 1853 年美国以炮舰威逼日本打开国门的"黑船事件"中的主要历史人物。——译者注

似于"国民国家"的体制，21世纪的日本形象与人们的日常生活也不会有任何翻天覆地的变化。

当然，除了采用"国民国家"体制，应该也有其他实现近代化的方法。但若通过其他途径，日本的发展将会更为缓慢[①]吧。

"国民国家"究竟是什么样的呢？让我们来看一下日本研究书籍上的参考定义：国民国家是指由国境线划分一定范围，具有主权的国家里，居住其中的人们均持有国民一体性意识的国家。[②]

虽然该说法颇为婉转，但正是因为现代日本与众多发达国家之间存在一定差距，"国民国家"才适用。相反，如果感到"国民国家"的概念难以理解，是因为对现代人来说，它已经变得过于理所当然。

例如，由以下思考方式的"国民"组成的国家即"国民国家"："在日本由日本人夫妇所生即为日本人。日本人说日语，奥运会上自然支持日本选手。从海外飞至成田或羽田机场感觉回到了日本的怀抱。万一战争爆发，会与日本共存亡。"

或许你会认为这样的思考方式再普通不过，但它在江户时代里并非如此。

明治以前的日本通常不被称为"国民国家"。究其原因，江户时代不存在"国民"，换言之，那时不存在"日本人"。

[①] 历史由无数个"if"堆砌而成，很难想象仅其中某一条件不同后的世界。若没有明治维新，日本与俄罗斯发生冲突后，可能沦为俄罗斯事实上的殖民地，也可能没与英国结盟而是与俄罗斯建立同盟关系。如此一来，或许能避免20世纪酿成的战争。

[②] 详见历史学研究会编：《提问国民国家》，青木书店，1994年。本书引用时省略了部分表述。

当然，列岛上居住着 3000 万以上的人口，精英阶层自不必说，相信百姓也能大致想象出自己所居住列岛的地形，至少知道它名为"日本"吧。况且，读书已经普及，这意味着至少在书面语言上存在日语共同体。

然而他们应该与现代"日本人"有些许不同的意识。

江户时代，百姓归属于村或町，受藩主的统治①。他们应该知道缴税对象"藩"的名字，或许也有人对"藩"怀着感情吧。

然而，他们对"日本人"身份有多么强烈的意识尚存疑。

例如，幕府末期，在欧美联合舰队与长州藩之间发生的下关战争中，农民与町民并没有同藩并肩作战。暂且不说支援，他们甚至认为自己是"受害者"，抱怨着 "真会惹麻烦""真是遭了罪了"等②。即战争终究不是他们的"分内之事"。

据说在戊辰战争时，虽然不是对外战争，会津城的商人、工匠等各地民众也是光速逃离战场③。由此看来，不用说对日本这个国家，似乎很多人对"藩"也并没有多少留恋。

---

①　江户时代的基本构成单位为村与町。村与町由持俸禄 1 万石以上领地的大名、俸禄 1 万石以下领地的武士、幕府等领主统治，但并非像现在的都道府县制度般机械地通过分界线来决定归属的"县"。领主突然被更换，抑或一名领主镶嵌式地同时统治多个不相邻地域的村与町也不足为奇。详见松泽裕作著：《从町村合并中诞生的日本近代》，讲谈社选书 METIER，2013 年。

②　古川薰著：《幕府末期长州藩的攘夷战争》，中公新书，1996 年。

③　戊辰战争发生于幕府末期至明治初期，是新政府军同旧幕府军之间的内战。

● 人类的大发明——国民国家

居住于现代日本且持有日本国籍的人大多对自己是"日本人"深信不疑，并且在某种程度上存在着共通的能力与倾向思维。

我们可以认为，"日本人"与居住在日本以外的人相比，更擅长说日语，卫生观念更强，对"安倍晋三""松居一代""戴夫·斯佩克特"等活跃于日本的人物了如指掌。

居住在日本国内的人们仿佛通过规定的标准养成一般，这便是"国民国家"计划的关键。

前文中提到过寺子屋，举教育的例子似乎更容易理解些。虽说全日本都有寺子屋，但没有统一的课程大纲。因为不是义务教育，因地域与身份不同，教育水平也大为不同。

据明治时代文部省实施的调查可知，因地域、身份、性别不同，人们的识字率天差地别。例如在 1884 年的鹿儿岛县，不会写自己名字的人约占八成，同年滋贺县则为三成。而且在鹿儿岛县，女性的识字率特别低，96% 的女性不会写自己的名字。

1872 年日本开始针对 6 岁以上儿童、不分男女进行义务教育，但经过 10 年时间，完全不会读书写字的人依然不在少数[①]。江户时代的识字率应该更低，据推测大约为两成。

明治政府为了培养"日本人"，开始推行全国统一的义务教育。这自然不是出于好心，而是迫切为了生产出"日本人"，即所谓"富国强兵"。

---

① 义务教育的对象终归还是儿童。义务教育开始许久后，日本中不识字的成年人仍不胜枚举。识字率相关内容参考文科省《日本帝国文部省年报》。

● 马是最快的交通工具

明治时期日本的最大任务是增强经济实力，打造军事强国。当时的世界局势异常紧张，至少明治政府的说辞便是如此。即使仅着眼于亚洲，也有清朝因在鸦片战争中失利，迫不得已签订不平等条约之事。聚焦日本列岛北部，俄罗斯的南下政策步步紧逼。实际上，亚洲与非洲正不断地被西方列强染指。

明治政府渲染着"若不增强国力，日本便会沦为殖民地"的恐怖氛围。关于当时日本是否真实地面临他国入侵的危险，原本专家间也存在意见分歧。而且，清朝虽然在鸦片战争中失利，但清政府并没有垮台①。

然而，江户幕府即使继续当政，其也将面对迫在眉睫的社会剧变。毕竟19世纪是技术革新发生了翻天覆地变化的时代。

例如，19世纪初期，世界上不存在比马更快的陆地交通工具②。人类也好，工业产品也好，就连传递信件和消息的速度都不能与马的移动速度相匹敌。

然而，1837年电信技术诞生，信息交换瞬间即可实现。1858年，横贯大西洋海底电缆的铺设，让美国与欧洲之间信息的迅速传递成为现实。随着海底电缆的铺设，世界在"19世纪版互联网"的作用下逐

---

① 清朝在1911年结束统治，实际上已经是距离鸦片战争半个世纪以后的事。顺带一提，幕府末期日本签订的不平等条约与清政府和英国签订的《南京条约》等条约，在失去领事裁判权与关税自主权等方面，有共通之处。

② 若不限于陆地，当时已存在信鸽、摇旗式通信、臂扳式通信等信息传递方式。日本摇旗式通信始于1743年，据说27分钟便可实现从大阪至广岛的通信。信鸽通信在文献记载中首次出现是1783年。详见黑岩比佐子著：《信鸽》，文春新书，2000年。

渐融为一体①。

与此同时，蒸汽船的运载量增大，铁路网也铺设完毕，世界前所未有地变小了。在那样的时代里一直持续着锁国的状态并不现实②，因为海外的信息与产品，或多或少总会流入日本国内。

追根溯源，即使在江户时代，西洋文化也一步一步涌入国门。如1788年发行的名为《女郎买之糠味增汁》的洒落本③上面记录着深川花街柳巷同行客人间的对话。

> 哇呀，比起芙洛舞还是乌厄因更好。
>
> 哇呀，很容易变得露得·给西库托，会够落乌难受喔，别喝乌厄因了，来点细丝骷吧。

"芙洛舞"是"女子"，"乌厄因"是"红酒"，"露得·给西库托"是"脸红"，"够落乌"是"非常"，"细丝骷"是"鱼"，这些词全部为荷兰语④。虽然洒落本多少有些夸张，但江户人会使用ルー大柴⑤与サプライジング（Surprising）这种程度的外来语还是不足为奇的。

因此，与其说日本在明治时期一下"开国"了，倒不如说日本被卷入了19世纪的技术革新浪潮更为准确。

---

① 威廉·伯恩斯坦著：《"财富"的诞生》，日经商务人文库，2015年。
② 实际上当时日本与清朝、荷兰仍保持着贸易往来，并非完全断绝与海外的交流。若因与海外的贸易量少，便定义其为"锁国"，那么绳纹时代反而更加接近"锁国"状态。
③ 江户时代中后期流行的烟花巷文学。——译者注
④ 加藤秀俊著：《媒体的展开》，中央公论新社，2015年。
⑤ ルー大柴，日本搞笑艺人大柴亨的艺名。——译者注

● 打造军事强国

实际上，这不是日本首次尝试打造军事强国。

在"日本"国号尚未诞生的 7 世纪，大和政权在朝鲜半岛经历惨痛战败后，便试图建立军事大国，由此引入了户籍与征兵制，尝试推行与明治政府相似的政策（详见第二章）。

如直到现代仍有政治家试图鼓吹"朝鲜威胁论"，也许是因为它对于增强"国家凝聚力"而言效果立竿见影吧。但从真实历史上说，根本就没这么回事。

然而，古代日本在实现理想的途中瓦解了。果然，在没有电力与铁路的时代里，难以维持中央集权国家。

与此相对，明治时期的日本有西洋的最新技术作为强力武器。使用电话与电报，便可瞬间在列岛中传递信息。在铁路与车的作用下，感觉列岛也变小了。

与此同时，将日本打造成军事强国的"国民国家"计划开启了。它最大的障碍是身份差距与地域差别。福泽谕吉当时在《劝学篇》中的主张流传至今。

> 坐拥数百万人口之国，若有才德者仅有千人，余下皆为无知民众，只考虑国内统治也无妨。然而，一旦战争当头，民众便会逃跑吧。空有百万人口大国之名，挺身作战者区区千人，国家独立大抵无望。[①]

---

① 福泽谕吉著：《劝学篇》，庆应义塾大学出版会，2009 年。原版书籍发行于 1872—1876 年间。

日本"国民国家"化的计划成功了吗？某种意义上计划可谓实现了巨大成功，而某种意义上也可谓是一败涂地。终于，在第六章，我们打开了现代篇的大门。

第六章
"扩张"时代与近代化（明治时代—昭和时代）

近代日本并非被侵略国，而是选择摇身一变成为侵略国。实行扩张路线的结果是，太平洋战争造成了无数的牺牲。后来，日本因战败而沦为"发展中国家"，但这对经济成长来说利大于弊。战后日本的确跻身于经济大国行列。

● **为何前往海外？**

始于明治维新的近代是非同寻常的时代。用一个词来概括，即扩张时代。

首先，人口的增长十分显著。明治元年（1868 年），人口数量为 3300 万，大正元年（1912 年）为 5000 万，1936 年时已超过 7000 万[①]。若加上被日本殖民统治的朝鲜、中国台湾、东南亚的人口，可达到大约 1 亿人。

日本帝国持续扩张国土。在将冲绳、北海道、中国台湾、朝鲜半岛逐一纳入殖民统治之后，1940 年又入侵了菲律宾、法属印度支那等

---

① 这一数据是指居住在本州的日本人人口，不包含朝鲜等殖民地。详情参照总务省统计局《日本的长期统计系列》。

地区。若观察当时日本的势力版图，便会发现其面积大得出奇。

在此，一个单纯的疑问浮现：为何日本帝国主义想要如此扩张呢？若"国民"增多，管理则难上加难，开销也会随着领土的扩张显而易见地增加。暂且不论潜藏着贵重资源的"梦幻大陆"，为何日本连冲绳、中国台湾等也想据为己有呢？

实际上这与欧洲大国在长达数个世纪里的所作所为如出一辙[①]。15 世纪，大航海时代来临，葡萄牙与西班牙等国明争暗斗，意在开辟新航路，获取新领土。

其原因再简单不过，就是为了获取巨额财富。荷兰是个简单易懂的例子。为了与亚洲展开香料贸易，荷兰建立了东印度公司，由此赚得盆满钵盈。

然而，欧洲向海外开拓的理由并非如此单一。有因纯粹冒险之心驱使的远征，也有不少以宗教式的热情为原动力的扩张。基督教亦曾屡次被作为"借口"。

最著名的案例非西班牙对印加帝国的侵略莫属。来自西班牙的征服者以印加帝国的皇帝拒绝信仰基督教为由，大肆屠杀。结果，一支仅有 168 名亡命之徒的部队毁灭了印加帝国[②]。

诸如此类，欧洲的领土扩张战略是 18 世纪后半期始于英国的工业革命所带来的必然结果。

---

① 马克·费侯著：《殖民地化的历史》，新评论，2017 年。

② 在一支仅有 62 名骑兵与 106 名步兵的西班牙亡命之徒部队的进攻之下，坐拥 1600 万臣民的印加帝国毁于一旦。人们认为原因如下：与拥有枪械、铁制武器、骑马等军事技术的西班牙阵营相比，印加帝国没有金属制的武器。不仅如此，西班牙对风土病与疫病有免疫，并通过文字信息学习了美洲大陆的情况与过去的战略。详见贾雷德·戴蒙德著：《枪炮、病菌与钢铁》，草思社文库，2012 年。

人们拥有了蒸汽机这一能实现 24 小时持续且高效工作的技术。随着工业革命的推进，以石油为原料的重工业在德国与美国蓬勃发展。大量生产、大量消费的时代就此拉开帷幕。

随着产业规模的扩大，无论是原材料的调配还是商品的销售，难以单凭一个国家完成。欧洲各国正式开始了原材料的跨境调配及销路的拓宽，其结果是众多亚非国家沦为欧洲的殖民地。

日本决定开放门户，正是基于同样的原因。

● 日本也不能落后!

明治时期的政治家与知识分子为日本会被欧洲侵略而提心吊胆。例如，福泽谕吉认为西洋正逐步将东洋变为殖民地，日本也危在旦夕。他呼吁只有"脱亚"，绑上西洋文明才能保住日本的独立。

明治政府决定走上与欧洲相同的道路。换言之，选择成为"侵略国"而不是"被侵略国"[1]。

然而，即使在日本国内也是众说纷纭[2]。

例如，1879 年明治政府强行侵占中国藩属国琉球，废琉球王国，改置为冲绳县。该事件就曾引起巨大争议。

试图将琉球纳入日本领土的人们首要考虑的是国防。与欧洲强国相比，军事实力处于绝对劣势的日本只能将国境与防御据点设置在尽可能远的地方。

———————

[1] 关于近代化，可参考小熊英二著《名为日本的国家（决定版）》，书中有简洁的归纳。

[2] 小熊英二著：《"日本人"的境界》，新曜社，1998 年。从近代日本的殖民统治至"复归"运动，该书中皆有系统归纳。

因此，从军事战略考虑，琉球相当重要，其地处日本本土、中国台湾和中国大陆的中间位置。

另一方面，反对派提出的是花费问题。向"远海的孤岛"投入"政府的洪费（公费）"完全无利可图。实际上，当时明治政府的财政正捉襟见肘。有人提出，在各地叛乱此起彼伏之际，向远方的琉球派去警察、军队、官僚与教师，促进其近代化，实在是无谋之举。

明治时代应该也有重视"性价比"的知识分子[①]。

然而，明治政府决定吞并琉球。不仅如此，还巩固了开拓虾夷地的方针，即正式进入北海道，试图将阿伊努人居住的土地作为对抗俄罗斯的军事据点并纳入日本领土。大量日本本土居民移民北海道，过度开发愈演愈烈。

日本政府将到手的冲绳与北海道称为"帝国的南门"和"帝国的北门"，并且无视原住民的意愿，迫使两地成为日本帝国主义的据点。

随后，这一扩张方针持续推进。1895 年，日本在中日甲午战争后，将中国台湾收入囊中。但是因为距离本土过远，仅凭中国台湾当地税收无法满足统治费用需求，国库补贴的金额几乎接近日本政府税收的一成。

虽然媒体上将中国台湾"吐出"的说法越来越多，但明治政府高层却鼓吹其在国防上的价值。最终，日本于 1895 年在中国台湾设立了总督府，其殖民统治一直持续至 1945 年二战战败。

即便是祸根残留至今的对韩殖民统治，最初提出也是为了其军事上的目的。日本于 1910 年强行吞并韩国，对其实施殖民统治。当时，

---

① 此外，也有介意与清朝等国之间起摩擦的反对意见。

伊藤博文的"日本不得不将韩国变为保护国"[1]"若韩国受他国统治，日本的独立将危在旦夕"等言论[2]至今言犹在耳。

● 从远东岛国到"海上帝国"

在当时的日本，比起经济上的合理性，"国防"才是第一位。时至今日，到底何为出于"自卫"需求上的必要领土，仍然存疑[3]。

然而，日本一旦开始走扩张道路，便无路可退，索性作为"帝国"试图开始构建以东亚为中心的独立经济圈。

1929 年世界经济危机爆发后，强国以本国货币为中心，推行"同盟经济"化。同盟经济是指通过关税壁垒等手段，把己方经济圈如"同盟"般围起来的经济体制。

报纸上甚至刊登了如下评论：

> 尽管神风号仅用不到 94 个小时便完成了从东京到伦敦的飞行，大大缩短了世界的距离，但世界上的通商障碍比德川时代各藩的关卡数量更多，防守更为森严。[4]

————————

① 殖民统治的一种形式。帝国主义国家以"保护"为名，迫使弱小国家签订不平等条约来实现对它们的控制与吞并。——译者注

② 平塚笃编：《伊藤博文秘闻续》，春秋社，1929 年。

③ 实际上，至 20 世纪，欧洲就"殖民是否合算"这一问题展开过数次讨论。维持殖民地需要花费巨额费用。而且，若包含殖民地在内的"帝国"内部可以实现自给自足也罢，实际上却只有与其他"帝国"进行交易才能维持经济。在那样的时代里，欧洲是否真的企图侵略日本便不得而知了。

④ 《朝日时局读本》，8 卷，朝日新闻社，1937 年。在这里，神风号是指飞往伦敦的朝日新闻社的飞机。

　　当时，日本表面在经济上打着"自由主义"的旗号，暗地里却积极致力于逐渐形成自己的"同盟圈"。

　　1931 年，日本侵占了中国的东北三省，1932 年宣告成立伪满洲国①。该地区是与苏联毗邻的最前线，有着令人垂涎的丰富地下资源。然而，伪满洲国的成立立即引发了国际争端。1933 年，日本为了一己私利退出了国联。

　　不过，当时并非是日本政府决心与世界为敌而选择退出国联，提倡退出的反而是国际协调派的外交官。他们料想若"九一八"事变不再是国联的审议对象，日本便有可能在国联之外与欧美诸国修复外交关系②。

　　然而事与愿违，日本在孤注一掷的道路上渐行渐远。1937 年，日本侵华战争全面爆发。1941 年，日本偷袭珍珠港，向美国挑起战争。这一系列战争如今被称为"太平洋战争"。

　　日本帝国主义发起战争，名义上是为了"东亚新秩序的建设"以及"东亚的安定"，实际上是打算通过侵略与结盟，建立以日本为盟主的亚洲"同盟阵营"。

　　身处远东的日本，试图成为替代大英帝国的存在。曾经惧怕欧洲侵略的远东岛国，终于选择亲手建立亚洲"新秩序"，化身"海上帝国"③。

---

　　①　20 世纪 30 年代以后接连发生战争的根源之一，即"九一八"事变。详见油井大三郎著：《被规避的战争》，筑摩新书，2020 年。

　　②　事实上，据说日本所有主要政治势力均反对退出国际联盟。详见井上寿一著：《战前日本的"全球观"》，新潮选书，2011 年。

　　③　详见松浦正孝著：《"太平洋战争"为何会发生》，名古屋大学出版会，2010 年。

● **梦想回到昭和八年**

百姓如何看待"海上帝国"的战争呢？我们发现，一般将"战前的日本"作为黑暗时代描述的说法较多。

然而，在近代化过程中，人们的生活确实变得便利了。时至大正时代（1912—1926年），普通市民也有了享受娱乐生活的闲暇。大正时代是以东京为中心，大众消费社会蓬勃发展，银座里有摩登女郎与摩登绅士阔步闲游的时代。

说起当时的三大娱乐，即电影（活动写真①）、博览会与赏花②。东京的电影院在1911—1912年间，入场人数增加为原先的3倍，即近1000万人。特别是1916年公映的卓别林喜剧电影轰动一时。还有很多富裕家庭甚至能享受高尔夫与滑雪等娱乐项目。

大正十四年（1925）是日本史上至关重要的一年。在这一年，制定了面向男性的《普通选举法》与臭名昭著的《治安维持法》③。

自《治安维持法》出台伊始，反对的呼声就不曾间断。1925年2月11日，日本劳动总同盟等35个团体于东京的芝、有马原两地召开了反对《治安维持法》的集会。据说参加者仅有3000人④。

与此相对，在反对集会召开两天前的2月9日，新宿园举办了一

---

① 电影的旧称，专指明治和大正时期的电影。——译者注

② 青木宏一郎著：《大正浪漫：东京人的乐趣》，中央公论新社，2005年。

③ 《治安维持法》是禁止举办否认天皇制与资本主义的运动及其相关援助的法律。1928年，其最高刑罚为死刑，被视作日本战前镇压舆论的象征。

④ 小松裕著：《日本的历史14》，小学馆，2009年。当时《朝日新闻》（1925年2月12日夕刊）记载为5000人。

场名为"ASAHI GRAPH DAY"的电影明星见面会，参与者竟达 3 万人。可见，多数人沉迷于消费与娱乐，似乎无暇关心《治安维持法》。

此外，人们对《普通选举法》也漠不关心。1923 年关东大地震的灾后重建工作持续推进，正如"世间不景气，但天下极致太平"的评价一般，安定祥和的气氛充斥着社会①。

始于 1926 年的昭和时代，也延续着"极致泰平（和平）"。电灯、电风扇、电熨斗、被炉等家电走进千家万户，陈列着最新商品的百货大楼分店也相继开设。

例如，高岛屋开设了 10 日元店，意图吸引大众顾客的光临。截至 1932 年，商场外开设"高岛屋 10 日元—20 日元"连锁店共计51 家②。

繁荣的顶峰是昭和八年（1933）。

战后，"梦想回到昭和八年""返回昭和八年"一类的言论一直充满大街小巷，可见昭和是个"好时代"。那是在"九一八"事变的两年后，一部分富裕阶层靠军需赚得盆满钵满。夜晚街上霓虹灯明光烁亮，百货大楼里商品琳琅满目，年轻人在咖啡店的舞厅里欢聚一堂。

然而，随着战况恶化，百姓的生活水平持续下降。不过，黑暗时期并非突然到访。例如，据随笔家山本夏彦回忆，1941 年日美开战当天，他还在新桥的"天春"与友人一边喝酒，一边吃着天妇罗③。

---

① 参考《读卖新闻》1925 年 3 月 23 日朝刊。
② 井上寿一著：《战前昭和的社会（1926—1945）》，讲谈社现代新书，2011 年。
③ 山本夏彦著：《"战前"时代》，文春文库，1991 年。

昭和早期街景

　　1944 年，美国终于开始了真枪实弹的空袭，以东京为首的城区遭到了毁灭性的破坏。随后，日本军方也开始疯狂抓年轻壮丁参军，征兵率高达 77%。据统计[①]，17—45 岁的日籍男性中，超过四成的人曾被军队动员过。

---

　　① 大江志乃夫著：《征兵制》，岩波新书，1981 年。书中认为，日本征兵令实施于 1873 年，因当初有各种各样的免除规定，实际上成为士兵的人数不足符合条件人数的 3.5%。也可详见加藤阳子著：《征兵制与近代日本》，吉川弘文馆，1996 年。

● **那场战争，输了实属万幸？**

"海上帝国"挑起的是无谋之战。尤其与美国相比，其经济与技术等方方面面均处于下风。太平洋战争末期，日本实际上已经把大约85%的国家预算都投入到军事上，却仍是杯水车薪。

当然，当时的政治家与官僚们心里一清二楚。既然如此，为何还是踏上了日美开战这条不归路？

有观点说"战争这一选项，相比其他选项是压力更小的选择"[1]。简单来讲，因为无法选择让所有人满意的战争回避策略，最优选择便是日美开战。

虽然一时难以置信，但若"从中国撤兵"，或"听从天皇的圣旨避免开战"，可能会引发更大的"冲突"。莫不如选择无人能公开反对的日美开战作为折中办法才是上策。如此一来，错误的决策层层累积，导致了最惨烈的战争[2]。时至今日，类似情形在不景气的企业中仍时有发生。

毫无疑问，日本一败涂地。仅日本军人与军属便有210万人左右，普通人50万人左右，共计260万人左右命丧黄泉[3]。不仅如此，还失去了明治以来掠夺的大部分土地，"海上帝国"终于被打回了"远东岛国"之原形。

---

① 森山优著：《日本为何踏上了开战的不归路》，新潮选书，2012年。

② 名为军队，实为官僚。陆军与海军之间派系斗争激烈，双方各自制订作战计划，各自发表战果。日本陆军信息部的成员们通过外国新闻等才了解到中途岛之战的实际情况，打败仗是可想而知的。

③ 战争死亡人数涵盖日本侵华战争时期。顺带一提，日俄战争中日本人死亡人数大约为9万。

这次战败可谓自人类入住日本列岛开始、"日本"国号诞生以来，日本遭受的最大打击也不为过。

然而，冷静思考一番，战败未必是有百害而无一利。其原因在于，在这一时间点上日本被迫放手殖民地。明治维新以来，日本帝国主义拼命扩张领土与开拓殖民地，但如若"国防"理由消失，那些土地便有可能在刹那间沦为经济的负担。

实际上，二战后英国与法国因其殖民统治政策而自食其果。例如，在 1948—1951 年间，法国向北非投入的直接性财政补助增至 4 倍。据统计显示，法国纳税者缴纳税金的 9% 被用作海外殖民地的支出[①]。

除此之外，20 世纪 50 年代以后，许多国家从殖民统治下相继获得独立。多数独立通过交涉以和平告终，但也有引发战争的例子。总之，不论是维持殖民统治，还是促使其独立，殖民地均是"烫手的山芋"。

也许，在二战后丢失了所有殖民地才是"不幸中的万幸"。为了这一切，日本人至少战死了 260 万。

● 经济大国日本的起源

如"战前"与"战后"两个词象征的一般，以 1945 年 8 月 15 日为界线，日本仿佛被描述成了另一个国家[②]。

然而，正如江户与明治间的连续性，战前与战后也有连续性。有

---

① 马克·费罗著：《殖民地化的历史》，新评论，2017 年。
② 实际上，"大日本帝国"改名为"日本国"，连宪法也有更改。

研究者主张^①，战争时期诞生的"日本型经济体制"是战后日本高速发展的原动力。其原因在于，"在战争中获胜"被"经济大国"的目标所取代，日本实现了前所未有的经济增长。

实际上，日本社会保障的基础是在战时建立的。应陆军的要求，日本于 1938 年设立了厚生省，并开始启用国民健康保险制度与厚生养老金保险制度。福利政策的充实，是以提升国民健康水平，换言之是以增加健康士兵数量为目的而调整的。

战争刚结束，中国并未参与全球市场，而韩国以及东南亚政权政局不稳。在这样的情况下，日本"接手"了美国等发达国家走向衰落的制造业，开始作为世界工厂日渐发展。

在日本经济大国化背后的推手是美国。战胜国美国放弃对日索求赔偿，众多国家也放弃了赔偿权^②。

之所以能受到美国如此优待，是因为日本在军事战略上的地位不容小觑。随着冷战的爆发及朝鲜战争的开战，作为资本主义阵营盟友，日本的价值急速上升。战争刚结束时，美国国内也有不认为日本生活水平会远超亚洲诸国的声音。因此，只能说日本是个"幸运儿"。

---

① 野口悠纪雄著：《增补版 1940 年体制》，东洋经济新报社，2010 年。

② 收下日本战争赔偿的仅有菲律宾、印度尼西亚等 4 个国家，赔偿非现金钱款，基本上是实物赔偿与劳务赔偿。通过向这些亚洲国家提供发电厂等各类工厂及相关技术，日本为本国企业在东南亚的发展打下了基础。这是"赔偿经济"。

● "绳纹脸"与"弥生脸"皆不存在

战后不久日本社会流行的"想要回到昭和八年"思潮转瞬即逝。因为没过多久，社会富裕程度便超过了"昭和八年"。

1956 年日本的经济水平"已然不是战后"，而是恢复到了战前水平。1967 年，日本人口突破了 1 亿大关。

而随后的 1968 年，日本成为 GDP 位居世界第二的经济大国。

人们的生活也迎来了翻天覆地的变化。被称为经济快速发展期的 20 世纪 60 年代，黑白电视、洗衣机与冰箱"三大神器"走进千家万户。

1964 年，东京奥运会开幕。起初对举办奥运会持批判态度的小说家石川达三，后来称赞开幕式"美得恍如梦境"，感慨"因战争而精疲力竭的日本"仅用大约 20 年便将经济复兴至如此水平[1]。

与此同时，日本人的饮食生活也焕然一新。火腿与香肠作为新型加工食品于该时期登上日本人的餐桌。与此同时，人们对于动物蛋白质、脂肪、维生素的摄取量也开始增加。

在这时，开始兴起是"绳纹脸"还是"弥生脸"的讨论。的确，列岛居民有若干祖先，但事实上，如此区分对人骨考古学者而言完全是无稽之谈[2]。

究其原因，20 世纪的日本人，特别是战后的日本人，身高与骨骼等方方面面都已"脱离了日本人"。进入 20 世纪以来，日本男女平均身高增加了 10 厘米以上，增长之处集中在下肢。简单来说便是腿变长了，身材变好了。

---

[1] 《朝日新闻》1964 年 10 月 11 日朝刊。

[2] 片山一道著:《骨骼讲述日本人的历史》，筑摩新书，2015 年。

　　即使同为现代人，从佐藤健至中濑由加里，假设同时代的人长着共通的面孔并不现实。因为绳纹人中也有修长脸型单眼皮的，弥生人中也有大眼睛厚嘴唇的。

　　总而言之，战后日本人与此前居住在列岛上的住民相比，是如格列佛一般的存在。然而，格列佛如今也站在了分岔口。

第七章
日本何时"终结"？（平成时代—未来）

少子老龄化日渐严峻的日本处在分岔路口。21 世纪 40 年代，老龄人口将超过 4000 万。不仅如此，4 名老年人中便有 1 名可能患有痴呆症。另外，AI 果真能成为救世主吗？

"黄与黑是勇气的标记，你能 24 小时连轴战斗吗？""上班族，上班族，日本的上班族"[1]。1989 年，漫长的昭和时代落幕，平成伊始，日本正陷入虚幻无常的混乱中。随后，泡沫经济下的繁荣景象[2]久久不息。"你能 24 小时连轴战斗吗？"是功能性饮料"regain"广告曲中的一句。

"能战斗吗"毫无疑问是指"能工作吗"。这首歌是工薪阶层宴会歌单中的必备神曲，现在看来，这绝对是首彻头彻尾的黑暗之歌，让人不禁想要吐槽"知不知道《劳动基本法》？"但是据讴歌泡沫经济之人的回忆录，这首曲子"分毫不差地匹配了时代的

---

① 牛若丸三郎太著：《勇气的标记》，1989 年。

② 当时也有指出繁荣景象实为泡沫的声音，但在 1989 年之前，持有认为只是经济景气观点的人不胜枚举。

基调"①。

人们多多少少有些焦躁吧。东京市中心的上班族在西服衬衫里垫着垫肩，吊着背带，踏着迪斯科般的步伐昂首前行。到了圣诞节前夜，情侣们享用着节日套餐，都市酒店间间爆满。东京证券交易所的均价在 1989 年末留下了史上最高纪录——38915 日元。

世界也认可日本。虽然如今已成笑话，但当时美国社会学者甚至出版了一本名为《日本第一》的书，称日本正是展现了未来经济范本的国家。

然而，狂乱的时代不会长存。

1990 年初，日本的股票价格开始缓缓下跌。随后，以 8 月爆发的伊拉克战争为契机，股价暴跌已成定局。10 月，以每小时 2 万日元的速度下跌，被称为"迷失时代"的漫长经济低迷期由此拉开了序幕。

● **当时女高中生备受瞩目的理由**

话说回来，20 世纪 90 年代真正的变化不是泡沫经济的崩溃，而是在高速成长期发展起来的日本式工业社会的衰亡。战后，日本政府规划了重点产业，制定了一切以经济增长优先的社会制度。在冷战局势下中国还未成为今日的"世界工厂"，而日本则作为"造物之国"驰名世界。

然而，时至 20 世纪 90 年代，随着日元升值及冷战结束，日本龙

---

① 伊藤洋介著：《曾经的泡沫经济》，幻冬舍文库，2011 年。作者是山一证券的员工，并作为秋元康旗下艺人团体"社员们"的一员出道，此后以东京 PURINN（东京布丁组合）身份大显身手，是得益于泡沫经济的代表人物。

头制造企业将生产据点逐渐转移至亚洲诸国。制造业的从业人数于1992 年达到巅峰，1994 年服务业从业人数也迎头赶上。

如此，并非以制造业而是以信息产业与知识产业为中心的社会被称为"脱工业化社会"或"后工业化社会"。日本于 20 世纪 90 年代中期正式进入脱工业化社会。

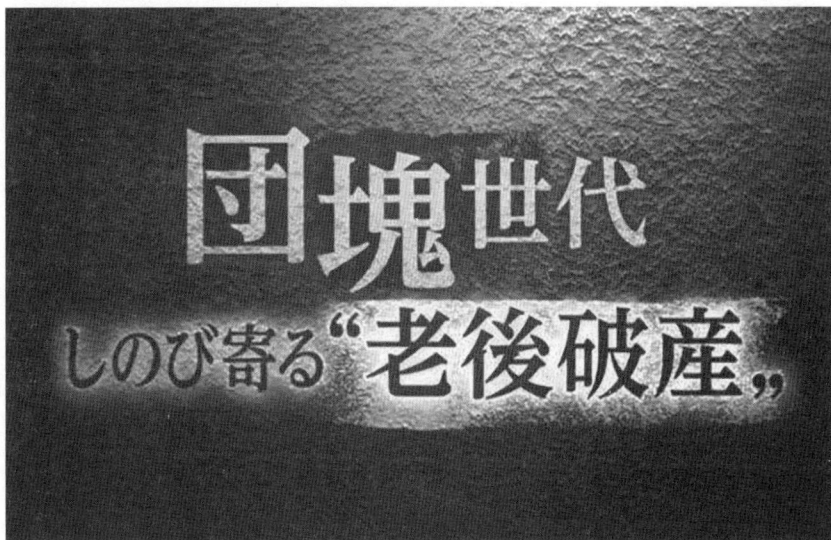

日本 NHK 纪录片《团块世代》片头

在脱工业化的同时，从根本上使日本发生变化的是少子老龄化。即使这样告诉大家，大概也会有人回答"我知道啊"。人口动态变化巨大，对消费至社会保障的方方面面皆有影响。

日本曾经是个年轻的国家。1950 年，日本人的平均年龄为 22.2 岁，至 1960 年也不过 25.6 岁，但 2020 年竟上升至 47.8 岁，荣登世界老龄国家的首位。

　　20 世纪 90 年代是日本存在众多年轻人的最后时代，团块世代[1]恰好迎来了二十几岁的青春年华。

　　年轻人口即力量。有一部名为《SUNNY》[2]的电影是以 20 世纪 90 年代的女高中生为主题的。当时女高中生受万众瞩目的最大理由绝对是因为年轻人口占比较高[3]。

　　例如 1995 年，15—29 岁的人口为 2724 万，即使将年龄限定在 20—30 岁之间，也有 1868 万人。顺便一提，此数值在 2019 年分别减少至 1840 万人和 1263 万人[4]。

　　虽然总说年轻人不购物，但追根溯源，那是因为年轻人口的占比减少了三成以上，面向这一群体市场的萧条也是理所当然。

　　日本零售业销售额的巅峰是在 1996 年[5]。

　　从各个类别来看，日本国内书籍杂志与音乐 CD 的销售量分别于 1996 年、1998 年迎来巅峰。20 世纪 90 年代中叶，《周刊少年 JUMP》

---

　　① "团块世代"特指日本在二战后 1947—1949 年间出生的一代。"团块"代表一个阶段集中出生、"成团成块"的一代人。该词最早出自日本著名作家堺屋太一于 1976 年写成的小说《团块世代》。——译者注

　　② 韩国电影的翻拍版。正确的日文电影名为《SUNNY 强烈的情 强烈的爱》。据当时知情人士说，电影《SUNNY》中的高中生皮肤过于白皙，头发色调则显得过于暗淡。20 世纪 90 年代越发成为完全专属于日本历史的标志性时代。

　　③ 顺便一提，20 世纪 60 年代后半期，学园纷争等年轻人备受瞩目之事也与 20 岁左右"团块世代"的人口变化有很大关系。

　　④ 参考总务省编《人口推算》，数据均以 10 月 1 日为基础进行比较。

　　⑤ 经济产业省编：《商业动态统计》。此处指全国百货店、超市和线上销售等所有营业额的总合。除燃料零售，之后的销售额呈持续下降势态。

的发行量创纪录达 653 万部，CD① 方面《无名之诗》与《DEPARTURES》等也连登 200 万张以上最佳畅销榜。日本国内货物运输量、酒水销售量与自来水使用量也在 20 世纪 90 年代后半期至 2000 年前后迎来巅峰。

● 第三次"婴儿潮"并未到来

20 世纪 90 年代，脱工业化社会与少子老龄化两大转机欣然而至。然而，日本未能顺利渡过难关。

面对泡沫经济后的经济低迷，政府试图通过增加公共事业来应对。地方接连开展公共设施与大型道路的建设，公共事业费用于 1998 年便超过了 14.9 万亿日元。虽然印象中说起日本便会想到公共事业建设，但也只有在 20 世纪 90 年代才投入了巨额税金②。然而，公共事业丝毫没能让日本经济起死回生。

不仅如此，少子老龄化对策也彻头彻尾地失败了。虽然自 2015 年起日本人口开始减少，但实际上在 21 世纪曾有过起死回生的机会。20 世纪 90 年代万众瞩目的"团块次代"高中生，此时恰好进入结婚生子的适龄期。

日本原本应该借此迎来"第三次婴儿潮"，诞生一大批孩子。当时的厚生省也对此抱有期待，并未在 20 世纪 90 年代的少子化政策上煞费苦心。

---

① CD 曾经是为记录音乐而使用的媒介。在全盛时期，年轻人会为了听一两首歌花上 1000 日元购买 CD。顺带一提，当时（1998 年）东京最低工资为时薪 692 日元。

② 民主党高举"从混凝土到人"大旗，于 2009 年上台执政，但公共事业费用自 2000 年初便开始削减。

然而，国家居然"奇思妙想"，不知为何在这样的时期里只创作了歌曲①，其他什么都没做。

厚生省为解决低出生率问题，组建了"欢迎婴儿大作战执行委员会"，集结赞同该宗旨的艺人们发布了一首名为《我们出生，宛如那日》②的歌曲。

1993年，虽然小田和正与飞鸟凉等知名艺人参加制作的这首单曲CD创下了超过80万张的销量纪录，但遗憾的是，通过歌曲来终止少子化根本无济于事。这也是意料之中的事③。

实际上，在20世纪90年代，待机儿童④的问题早已浮现，但整顿托儿所等刻不容缓的政策却被持续延期。少子化往往会被偷换概念成年轻人的观念问题。

例如，是因为"年轻人的'草食化'现象导致出生率降低"。但是无论多么"肉食"的年轻人，也可以避孕和堕胎。现实中，一对夫妻能生育的孩子数量有限。因此，"草食化"与少子化几乎毫无关联，但似乎不少人愿意相信，只要改变年轻人的观念便可万事大吉⑤。

---

① 《NHK特集我们的未来——超少子化》，采访组编，白杨新书，2016年。

② USED TO BE A CHLID：《我们出生，宛如那日》，1993年。

③ 销售收入用于建设在北海道风连町（今称名寄市）、今治乌山町（今称那须乌山町）的一家面向儿童的户外设施，名为"风之脸公园"。但不可否认，这一举措偏离了主题。

④ 待机儿童是指在日本符合托儿所入所条件，但因为设施稀缺与人手不足等原因只能在家排队等待空位的幼儿（0—6岁）。——译者注

⑤ 年轻人的性经验率同20世纪70年代比，呈上升趋势。"草食化"言论本身有待考证。"年轻人远离汽车"也将人口动态的变化错当成了年轻人的观念问题。详见古市宪寿著：《绝望的国家中幸福的年轻人们》，讲谈社+α文库，2015年。

2007 年，"婚活"①一词诞生。地方自治体鼓励举行"婚活"派对与启蒙活动，但毋庸置疑的是，这对出生率的影响几乎为零。

21 世纪第二个 10 年的中期，团块次代的生育适龄期宣告结束。2016 年的新生儿不过 100 万人，与 1949 年的 269 万人和 1973 年的 209 万人相比，该变化实在触目惊心②。

● "被诅咒"的奥运会

从 1989—2019 年，平成时代的 31 年间可谓是倾尽全力延长昭和寿命的时期。

更有甚者，社会学者小熊英二将"平成时代"定义为 1975 年前后出现的日本型工业社会功能缺失时，政府拒绝承认现状和改变现有的价值观，为了把问题"留待以后解决"而耗费补助金和付出努力的时代。③

从该意义上说，平成在 2019 年 5 月后依旧绵绵不息④。特别是原定于 2020 年、却召开于 2021 年的东京奥运会和残奥会，毫无疑问是平成时代的一次大型活动。

以前人们坚信奥运会能带来巨大的经济效益。然而，在最近的研

---

①　"结婚活动"的缩写，意为相亲。——译者注

②　一年人数锐减至此，便能理解为何除《小学一年级生》，小学馆的学年志均以休刊告终了。

③　小熊英二编：《平成史（完全版）》，河出 BOOKS，2019 年。

④　作者写成平成年号。实际上在 2019 年 4 月，日本便已改年号为令和，正式进入令和时代。——编者注

究中，奥运会并不能带来如期效益的结论逐渐明朗[①]。实际上，广告业与建筑业等部分产业确有收益，但并非全体国民均可从中获利。若从需要承担高额税金负担的角度来考虑，利益受损之人数不胜数。

寄希望于奥运会，是无法让国家经济复苏的，看看近几届奥运会的承办地便一目了然：希腊（雅典）、英国（伦敦）、巴西（里约热内卢）。其中有些国家时至今日依然身陷经济困境，让人不禁联想到"奥运会的诅咒"。其实，日本在举办奥运会前已深陷"诅咒"了。

2025 年于大阪举办世博会已成板上钉钉。据官方网站显示，世博会或许将成为催生新技术、新产品，使生活变得更加便利的契机。上面还像模像样地登载着预计将产生 2 万亿日元经济波及效果的具体数字。

然而，世博会之构想本身就差强人意。过去的世博会确实是将未来具体化的一大活动，但后工业化社会的未来并非完全肉眼可见。

甚至可以说未来的萌芽早已诞生于智能手机与 VR 眼镜中。即使不特意进行大规模开发，若立即全面开放优步并开辟自动驾驶特区，未来便唾手可得。"2 万亿元日元经济波及效果"有很大可能以资金涌向部分产业的形式而告终。

1964 年举办的东京奥运会之美好回忆，令日本人难以忘怀，原因在于当时日本正处于高速成长期，持续着蒸蒸日上的发展趋势。毋庸置疑，日本现存的问题并非能通过举办奥运会抑或世博会来解决。

[①] 安德鲁·辛巴里斯著：《奥林匹克经济幻想论》，BOOKMAN 社，2016 年。

● 新冠疫情会改变社会吗？

原本，受新冠疫情影响，东京奥运会的举办一直让人忧心忡忡。起初，谁也不曾想到新日本国立体育馆建设计划被撤回、建筑家扎哈·哈迪德① 去世、奥运五环抄袭风波、疑似存在行贿丑闻等负面消息接连不断，奥运会又撞上新冠疫情在世界范围内流行。若是在古代，人们恐怕要修筑大佛祈福了吧。

新冠疫情究竟会对社会造成怎样的影响？一时间议论四起，国家共同体的价值被重新确认。世界各国封锁国境，防疫政策也不尽相同。连欧盟与《申根协定》② 所在的欧洲也是如此③。

在这一形势下，追求"强硬治国"的言论层出不穷。该言论主张日本应当同欧美那般强制性实行边境封锁。另外，也有不少人主张学习韩国将疫情感染者数量控制在较低程度，认为国家应加强个人信息管理，并将其应用于公共卫生④。

新冠疫情的特征是老年人更容易引发重症。

欧美部分地区发起了名为"老人终结者"（Boomer Remover）的年轻人运动。"Boomer"指婴儿潮。简单来说这是一种过激思想："实在

① 扎哈·哈迪德，伊拉克裔英国女建筑师，参与了东京奥运会场馆的设计。——译者注

② 该协定意在取消各成员国之间的边境，实现自由通行，无限期居住。——译者注

③ 然而，疫情的实时把控与疫苗的开发均由全球各国合作进行，国际物流也保持通畅。也有社会学者乐观地认为新冠疫情危机是"迈向世界共和国的第一步"。详见大泽真幸、国分功一郎著：《新冠疫情时代的哲学》，左右社，2020 年。

④ 有趣的是，主张应重视个人自由与隐私的人也时常对欧洲和韩国的政策赞不绝口。

是无法忍受为了老年人的健康，而要求年轻人也自我约束。我们上街吧，反正死的都是老年人。"

然而，日本没有发生如此严重的世代对立。

全体国民，包括生活受影响较小的能领到养老金的人，均能收到定额补助金，这笔费用来源于赤字国债。虽然靠着向下一代的借款算是勉强渡过了难关，但该以何种形式偿还这笔债务便不得而知了。

也有人认为新冠疫情创造了新型社会，而实际情况是进一步扩大了现有的贫富差距。一边是大企业的正式社员与领取养老金者等生活稳定的"上层国民"遭受的经济损失较少；而另一边生活不稳定的劳动者则迫不得已在感染风险相对较高的职场继续工作①。

社会最为戏剧性的变化发生在人口动态变化之时，发生在世代交替、老一辈领导人下台之时。尽管从某种意义来说，过去的瘟疫似乎改变了社会，但人们认为在医疗技术发达的现代日本，新冠疫情的影响实则有限。

● **2024 年问题与 2042 年问题**

若要预测未来，观察人口才是上上策。因为在通常情况下"现役世代"② 多、老龄人口少的国家更易实现经济发展。

只要观察人口动态，便不得不说日本前途是一片灰暗的。2024 年日本将成为老龄人口大国，女性中每 2 人便有 1 人在 50 岁以上、全体国民中每 3 人便有 1 人在 65 岁以上。同时，2025 年痴呆症患者将达

---

① 即使在宣告紧急事态的情况下，仍提议让护理人员与超市店员照常工作，这些是依赖年轻人和女性工作者较多的职场。

② 现役世代是指尚未退休、仍在工作缴税的人群。——译者注

700 万人，算上潜在人群，共计 1300 万人可能患上某种认知障碍[①]。

不仅如此，据推测，在 21 世纪 20 年代后半期，因年轻人口减少，输血用血液不足的问题将日益显著。21 世纪 30 年代前半期，全日本 1/3 的住宅会变为空宅。2039 年日本国内死亡人数将迎来 168 万人的高峰，预计国家会陷入火葬场严重不足[②]的局面。

团块次代将于 2042 年迈入老年人行列，那时老龄人口将多达 4000 万人。作为早期的自由职业者群体，其中的多数人大概尚未积累足够的财富便迎来晚年。从终身不婚率的演变来看，应该会有两成以上人未曾走入婚姻[③]，可见未来无依无靠的老年人群体必然比比皆是。

在此基础上，到那时，老年痴呆症患者将增势迅猛，逼近 1000 万人，65 岁以上的老年人中每 4 人便有 1 人患有痴呆症[④]。预测显示，部分塔式高层公寓会贫民窟化，铁路与公交路线会被接连废弃，购物难民[⑤]增多，甚至会出现买不到灯油、被迫忍受天寒地冻之苦的"灯油难民"[⑥]。

综上所述，从人口动态与社会保障方面推测日本的未来，前途一片黯淡。与此相反，也有评论家将日本的未来描绘得熠熠生辉。

[①]　《NHK 特集　痴呆症社会·为了让每个人都能安心生活》，2017 年 3 月 26 日播出。

[②]　河和雅司著：《未来的年表》，讲谈社现代新书，2017 年。

[③]　终身不婚率通常指 50 岁还未结婚的人口占比。据推算，团块次代于 2025 年进入 50 岁，男性的终身不婚率将超过 27.4%，女性则超过 18.9%。详见日本国立社会保障·人口问题研究所编：《人口统计资料集》，2015 年。

[④]　内阁府编：《老龄社会白皮书》，2017 年。

[⑤]　购物难民即因地方人口稀少、食物不足、交通不发达等原因，购买食物等日常用品有困难的人。——译者注

[⑥]　河合雅司著：《未来的年表 2》，讲谈社现代新书，2018 年。

　　媒体艺术家落合阳一针对人口减少与老龄化问题断言[1]："可以将科技作为对策，因而完全没有问题。"好厉害，白领的工作几乎都可以用机器替代，依靠无人驾驶和机器人技术，所有的搬运业务也都能机械化完成。

　　不仅如此，甚至有言论指出，人口减少对日本来说反而是"大机遇"，其原因在于社会不得不接受通过机器人促进自动化的发展模式。日本还可以将经验传授至海外，孩子数量的减少与个人获得教育投资的增多也密不可分。

　　该想法绝非标新立异之说。1960 年，由科学技术厅主编预测未来的《通向 21 世纪的阶梯》一书提到，"自动化"的实现将人们从劳动中解放出来，总有一天"机器运营时代"会如期而至[2]。

　　然而，当时列举的"自动化"仅是指车站的自动检票与工厂的自动运营、室温的自动调整、文字的语音输入等技术。如今这些构想已经几乎全部实现，但人类还没能完全从劳动中解放出来，这是因为新产业仍会催生出新的劳动需求。

　　自动检票或许缩减了必要的车站职员人数，却衍生出维修检查的新工作。工厂的自动化似乎减少了制造业的从业人数，但取而代之的是多数人进入了新生的服务行业，且该行业令社会变得越来越便利。

　　总之，预测显示，即使社会的自动化持续发展，人们应该也不会从原来的职场中消失得无影无踪，新的工作必将应运而生。

---

　　[1]　落合阳一著：《日本再兴战略》，幻冬舍，2018 年。书中隐含着"不赞成男女应平等对待的西式想法""由供给母乳的母亲主要负责子女的养育也合理"等落伍观点，从体现"令人怀念的未来"这一意义上，颇为耐人寻味。

　　[2]　科学技术厅主编：《通向 21 世纪的阶梯（复刻版）》，弘文堂，2013 年。

现实的未来会如何？

最终迎来的究竟是从人口动态出发预测的悲观式未来，还是科技至上主义者预测的乐观式未来？恐怕两者都过于极端。

在劳动力不足的情况日益严峻的日本，通过机器提高业务效率理应深得人心，但其效果需要具体问题具体分析。

据劳动领域记者海老原嗣生推测，今后 15 年内被人工智能替代的工作岗位最多不过 9%[1]。究其原因在于，即使技术上可以实现，若支出的费用与产出的效益不相称，便不会被人工智能所替代。况且，由于人类的工作由若干环节组成，难以实现完全自动化。

恐怕眼下的人事、总务等业务借由机器可以进一步节约人力，但在护理、育儿等领域，人力仍不可或缺。

例如，2015 年护理相关行业的从业人员有 183 万人，但那时已存在短缺 4 万人手的问题。估计这一缺口数值将在 2035 年达到 79 万[2]。目前看来，需要人身体力行的工作一定会持续存在。

日本现行的社会保障制度是在未进入老龄化时配备的过分依赖年轻人的机制。老龄人口的定义应该会阶段性地从现在的"65 岁以上"调整为"75 岁以上"。那么，日本大概会在粉饰太平、维持现存制度的过程中，渡过 2024 年与 2042 年的难关吧[3]。

---

[1]　海老原嗣生著：《"AI 引发失业"论的谎言》，East Press，2018 年。

[2]　经济产业省编：《关于应对未来护理需要的养老体系研究会报告书》，2018 年。

[3]　提高老年人的医疗负担率等制度改革不可避免。然而，在新冠疫情中，日本医疗体系被重新评价。因此，推行激进的社会保障改革或许将变得难上加难。

● 日本会爆发革命吗?

"日本"之国号大约诞生于 1300 年前。相比人类入住日本列岛以来的 4 万年仅有 1/30 的时间。而包含北海道与冲绳在内、与如今的领土几乎无差的"日本"仅出现于大约 150 年前。

在此期间,日本也有过覆灭的可能。第二次世界大战即将结束时,参考德国落败的方式,东日本和西日本或许会分别被美国、苏联统治。

相反,若避开了太平洋战争,也可能走上维持原有领土不变、日本帝国主义得以延续的世界轨迹。

在短短的 1 个半世纪里,如此大的改变便发生了,想必未来的日本也绝不可能永远保持如今这般一成不变的样子。若日本成为大国,又会有着怎样的可能性呢?

让国家发生巨变有若干种方法。仅日本就发生过因内战引发的权力移交、实质性的革命与因战败导致的占领等。

在老龄化日益严峻的日本,眼下很难想象会爆发内战或大规模革命。通常来说,革命与游行往往频发在国内年轻人口较多的时期,即所谓的青年膨胀。随着无工作且居无定所的年轻人口的暴涨,社会容易变得动荡不安 ①。

若想在人口超过 1 亿的国家中发起革命,则需要才智与统一行动力都超凡的群体。但若是那般聪颖非凡的人们,应该会意识到革命毫

---

① 代表性事件是 20 世纪 60 年代发生于发达国家的、以年轻人为中心的游行,以及 21 世纪第二个十年的"阿拉伯之春"等。详见贡纳尔·海因宗著:《自爆的年轻人》,新潮选书,2008 年。

无意义①。

若日本卷入战争，落得被他国统治的可能性相当大。不过，第二次世界大战以后，大规模的战争在世界范围内也是日削月朘。

尽管仍存在与周边国家发生小规模军事冲突以及民间军事企业中的日籍佣兵丧命的可能性，但日本发起或是加入他国发起的全面战争的可能性较低②。

未来流行比新冠疫情更为严重的传染性疾病不足为奇，日本从根本上发生改变才不可思议。想必如1918年的西班牙大流感一般，时过境迁后人们便会忘了那场骚动③。

● 日本列岛消亡之日

如果有可能，大概未来作为"国家"的日本将逐渐失去意义吧？曾经，只有"国家"才能实现的职能比比皆是，军事、教育、宇宙开发、社会保障、基础设施建设与运营等均是国家的专属事业。

然而，如今对国家社会性作用的期待日益减少。尤其是部分军需产业由民间军事企业承担时日已久，美国的企业宇宙投资项目也愈加繁荣。仔细想来，现代人在日常生活中不可缺少的服务几乎均由民间

---

① 冈田斗司夫著：《"征服世界"可能吗？》，筑摩PURIMA新书，2007年。书中认为，在资本主义社会中，岂止日本统治世界，就算是"征服世界"，其好处也是少之又少，因为几乎所有野心都得靠财钱实现。

② 与近代初期不同，如今各个国家都成熟了，需要守护的东西也变多了。在经济相互依存的情况下，走向大规模战争之路危如累卵。

③ 在西班牙大流感中，日本国内有近50万人丧命，但历史书并未将其写作重大事件。详见速水融著：《侵袭日本的西班牙大流感》，藤原书店，2006年。

企业承担。

比如，一出生就被剥夺日本国籍与"被苹果帝国放逐"一生不得使用 iPhone 等苹果产品及其 App 相比，哪种情况更糟糕呢？当下或许是选择日本国籍的人更多，然而数十年后答案就不得而知了。

想必国家不会放弃暴力的垄断权与征税权，它会化为空气般的存在，专门维持治安与再分配吧。如同空气般的"日本"未来能延续几个世纪便无从得知了。

或许日本人会因气候变化与陨石撞击等自然现象而人口骤减，但就现阶段而言，仍不过是科幻小说中的情节①。当然，如同 6500 万年前陆地上的恐龙灭绝一般，日本人口骤减的可能性绝非空谈。

在过去的 5 亿年间，地球上曾发生过 5 次大灭绝。无论多么繁荣兴旺的动物种族，都有可能轻易灭绝。人类当然也不例外。

据化石记录推算，物种的平均寿命大约为 200 万年②。人类自诞生以来已有 20 万年的历史，仅从平均寿命来看，人类的历史似乎还能延续一段时间。况且，正如部分恐龙进化为鸟类那般，即使大灭绝时代到来，或许还是会有部分人类能够存活下去。

不过，可以确定的是日本列岛终有一天难逃消亡的命运。据某模拟实验显示，距今大约 50 万年后，九州将分裂成南北两截。届时，将会形成从别府湾起，穿过阿苏山北部，经由熊本县熊本市，终结在长

---

① 即使全球温室效应引起的海平面上升会导致东京、大阪等沿海地区城市衰退，想必新的国土规划也依旧会实施。

② 池谷和信编：《日本列岛的野生生物与人》，世界思想社，2010 年。恐龙相关内容参照史蒂夫·布鲁塞特著：《恐龙的世界史》，MISUZU 书房，2019 年。

崎市与云仙市附近的分割线[①]。

不仅如此，随着时间的推移，日本列岛将被来自东边的太平洋板块与北上移动的澳大利亚板块碾碎，再次并入欧亚大陆。换言之，日本会被挤压在中国、美国与澳大利亚之间，走向灭亡。据推测，在未来的2.5亿年内，地球的陆地将再次合并成唯一的超大陆[②]。

万一人类得以以某种形式幸存，或许关于"日本"的记忆与记录能够得以留存，但毫无疑问，日本列岛必将消失。

在未来的数十亿年间，太阳会膨胀变化为红巨星。当然，由于地球气温上升、海洋蒸发，通常认为地球未来的寿命为10亿年左右。总之，地球和日本列岛的存续时间无疑都是有限的。所谓日本史，不过是在地球和日本列岛存续期间，短暂存活的人类所展开的梦幻般的生活。

---

① 《日本列岛创成史》，Newton，2018年1月号。

② 尽管现在将其命名为"超大陆"有些操之过急，但根据不同版本的大陆板块漂移假说，已经出现了"终极盘古大陆""阿美西亚大陆"等诸多名称。不过，即使板块移动能够以数十万年为单位进行预测，模拟未来也依然困难重重，世界再次形成超大陆不过是现在的一种假说。

第二部分

主题史篇

第八章
稻米与农耕的日本史

━━━━━━━━━━━━━━━━━━━━━━━━━━━━━━

第一部分讲述了日本的诞生至消亡。然而，所谓历史，从多角度把握才能更加明晰。因此，本章开始我们将着眼于"稻米""战争"等特定主题来快速回顾日本史。

● 曾经无米的瑞穗之国

从古到今，日本以瑞穗之国自居。在这里，瑞穗指的是水分饱满的稻穗。稻谷脱壳处理后的米常常被称为"日本人的主食""灵魂食物"。

然而，大约4万年前，人类开始入住时的日本列岛上并不存在野生稻[1]，他们最初仅能以诺氏古菱齿象与大角鹿等大型兽类为食[2]。

大约2万年前，全球开始变暖，针叶树林进化为山毛榉树与枹栎等阔叶树，列岛逐渐被枝叶荫翳的森林所覆盖。因植被的变化，大型兽类销声匿迹。作为替代，列岛居民开始狩猎野猪和鹿等中小型哺乳动物，也会享用森林里的树木果实。

---

[1] 准确来说，有野生稻存在的可能性，但那并不是人类的主食。

[2] 永山久夫主编：《日本人以何为食》，青春出版社，2003年。

全球变暖导致海平面上升，海湾形成。富含营养的水与泥沙被从内陆冲刷过来，鱼类和贝类终于得以繁殖。

在这一时期里，停止狩猎采集、开始定居生活的列岛居民与日俱增。定居便于生产和育儿，而且运动能力低下的残疾人与老年人也可以作为群落的一员生活，这对人类益处颇多。如今人类几乎都过上了定居生活[①]。但是，若与迁徙生活相比，事实上也有诸多不利之处。

首先是垃圾和排泄物所导致的环境污染问题。若不进行合理的清扫与排泄管理，村落很容易成为疾病诞生的温床。

不仅如此，即使成员间不和，在定居的情况下，相互之间难以避开。想必定居久了，各种麻烦的规矩也会随之增多。

那么为何列岛居民要开始定居生活呢？边狩猎，边迁徙，这样周而复始的狩猎采集生活对人类而言应该不算太糟糕[②]。

狩猎采集者们不需要长时间劳动。因为他们并没有操持家务的必要，只需狩猎即可。据说就连在现代的卡拉哈里沙漠（非洲西南部）这样过于严酷的环境中生活的狩猎采集者们，一周的劳动时间也不过35—45小时。相信若是在自然环境资源丰富的日本列岛，劳动时间或许更短。

一般而言，狩猎采集者们的饮食生活极其丰富多彩。因为既没有农耕，也没有栽培，不只摄取单一的食物。从浆果、蘑菇至鳗鱼、野猪，营养均衡的餐桌上必要的食物应有尽有。与之相比，刚开启农耕生活的人类迫不得已只能吃同样的食物，为营养失调问题而烦躁。

然而在大约1万年以前，五洲四海的人类几乎同时停止了狩猎采

---

① 2012年前后的日本，在星巴克办公的自由职业者被称为"职场游牧民"。不过，如今"职场游牧民"一词已不再使用，该词的倡导者安藤美冬也逐渐淡出媒体的视野。

② 尤瓦尔·赫拉利著：《人类简史》，河出书房新社，2016年。

集，随即开启了定居生活与农耕。

人们曾经认为，人类是在发展过程中停止了狩猎采集生活，进入了农耕阶段。但如今，对此说法持否定意见的也不胜枚举。那么，究竟发生了什么呢？

● 农耕文明的起源

理由之一便是气候变化。大约 2 万年前，地球告别了末次冰期，拉开了逐渐变暖的序幕。

然而，全球变暖并非一蹴而就，其间也曾经过历数次"倒春寒"。其中影响较大[1]的一次是发生于大约 1.2 万年前、持续数百年的"新仙女木事件"。

受新仙女木期[2]的寒冷气候影响，西亚植被日渐变得贫瘠，野生动物数量锐减。换言之，人类面对因气候恶化引发的食物匮乏，迫不得已做出了农耕革命的无奈之举[3]。

以往人们普遍认为农耕文明出现于中东，随后扩展至世界各地。但如今，农耕在各地以独立形态产生的说法更加言之有理。

农耕文明仅发生在中东、中国与中美洲等有限的区域中，原因在

---

[1] 佐藤洋一郎著：《食物的人类史》，中公新书，2016 年。

[2] 新仙女木期是指持续了大约 1300 年的一段冰期。据说是彗星的撞击或爆炸使得地球气温骤降，导致了冰期发生。该事件得名于寒冷气候的标志性植物仙女木。

[3] 之前更早的时代应该也零星存在过人类定居与农耕的现象。自大约 1 万年前起，气候开始稳定，可以说已经具备了在世界范围内普及农耕的土壤。详见池谷和信编：《狩猎采集者眼中的地球环境史》，东京大学出版会，2017 年。

于这些区域都生长着相对简单的动植物。

日本列岛受新仙女木期的影响似乎没那么大[1]。事实上，人们通常认为日本列岛上有人类定居的时期早于新仙女木期，农耕的普及也并非是一蹴而就的。

有观点[2]认为，人类在列岛上定居是因为温室效应带来了富足的环境资源，无须再受迁徙之苦。也有观点[3]认为是出于捕鱼和狩猎的需要。

狩猎必需的弓矢与掘土棒等可以轻松携带，但渔网、鱼梁以及筌等有固定安置点的渔具搬运起来却极其困难[4]。虽然铦和籍[5]等渔具也可用于捕鱼，但捕鱼量却无法与它们相提并论。

事实上，根据地区的不同，列岛居民似乎一直享用着各种各样的鱼贝类。例如，关东地区的贝冢里有黑鲷鱼与蛤蜊，富山县有鲨鱼，石川县则发现了海豚的遗骨。不仅如此，也有研究者以东京中里贝冢的出土成果为依据，推测此地曾养殖过贝类。有如此得天独厚的环境，日本列岛上似乎没有发展农耕的必要了。

● 列岛的农耕始于何时？

那么，日本列岛上的农耕是何时开始的呢？

---

① 安田喜宪著：《人类一万年的文明论》，东洋经济新报社，2017 年。

② 冈村道雄著：《绳纹的生活志（改订版）》，讲谈社，2002 年。

③ 西田正规著：《人类史中的定居革命》，讲谈社学术文库，2007 年。

④ 鱼梁是在河流湍急处排列木桩，用来拦截水流进行捕鱼的设施。筌是指筒等多种形状的捕鱼工具。

⑤ 铦与籍都是鱼叉的种类。铦比籍大，尖端有倒钩。现代的铦带有发射装置。——译者注

比如，大豆在大约 7000 年前，即公元前 5000 年—公元前 4000 年于东日本进入栽培阶段[①]。

人们曾经普遍认为大豆起源于东北亚一带，与水稻栽培同时传入日本列岛。然而，根据最新的古民族植物学研究可知，从更久远的时代起，大豆与小豆已经是日本列岛的"座上宾"了。

现已确认豆类的栽培普及至整个日本列岛。在大约公元前 2500 年—公元前 1600 年，从日本东北部到九州的大片广阔区域里已经开始栽培大豆。

三内丸山遗迹

这是否能算"农耕"仍有待商榷，但绳纹时代[②]也确实被认为已存在植物栽培。在现代人看来，大豆虽然是副菜，但因其富含蛋白质，亦成为人口增长的原动力之一。事实上，在绳纹时代扩大聚落规

---

① 小畑弘己著：《播种的绳纹人》，吉川弘文馆，2015 年。

② 绳纹时代大约从 1.6 万年前延续到 3000 年前，其特征为陶器的使用与定居的发展。多数专家认为此后的弥生时代为农耕（水稻栽培）的开端。

模方面，以豆类为首的植物栽培似乎发挥了很大作用。

当时人类主要食用的是橡子、核桃与板栗等果实。人们往往通过对聚落周边的森林资源加以干预，来实现对植物的栽培与管理。

其中板栗较为重要。它与橡子不同，无须去涩，是珍贵的淀粉来源。据说板栗不仅是在日本列岛，在东亚大陆也被广泛食用，栽培技术已相当先进。人们甚至还可以将其作为建材和燃料使用。

相较野生板栗，三内丸山遗迹中出土的板栗壳与如今板栗的DNA结构更为相似。也就是说，人类以某种方式干预了板栗的可能性较大。

为了享用这些植物，需要陶器大显身手。陶器主要用于软化树木的果实及去涩等。人们将采集到的黏土塑形成器具，再进行干燥处理，之后用700—900℃高温进行野外烧制即可制成陶器。

目前发现的世界上最古老的陶器出土自中国江西省，是距今大约2万年前的陶器残片。日本列岛发现的最古老陶器来自青森县，据推测是1.6万前的陶器残片[①]。

● 水稻栽培终于开始

那么，作为日本人主食的稻米，是何时传入列岛的呢？有观点认为野生稻起源于古生代末期，也有观点认为是在新生代初期[②]。

始于6500万年前的新生代，是一个有利于野生稻生长的时代。此前的中生代温暖且潮湿，森林覆盖了大部分陆地，不利于野生稻等小

---

① 《中国有世界上最古老的陶器残片》，详见《日本经济新闻》2012年6月29日朝刊。

② 古生代末期指距今约2.5亿年前，恐龙诞生前。稻子相关内容参考佐藤洋一郎著：《稻子的历史》，京都大学学术出版会，2008年。

型草本植物的繁殖。进入
新生代以后，地球环境风
云变幻，森林不再繁茂，
在其还没来得及重生时，
冰河期抢先一步造访，草
原也因此增多了。野生稻
在全世界热带地区繁殖传
播开来。

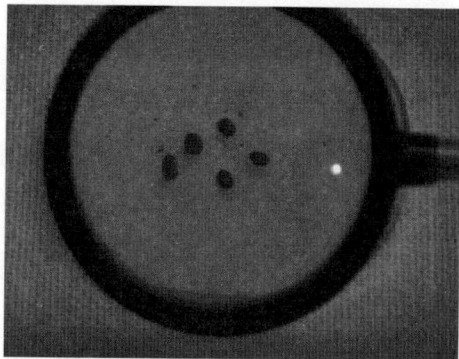

碳化米

时代变化如白驹过
隙。稻子的栽培始于中国长江下游地区。稻作遗存的出土主要集中
在江苏省和浙江省。人们认为最古老的栽培稻出现在距今大约 10000
年前。

栽培稻经由中国大陆或朝鲜半岛辗转传入日本列岛[①]。水稻栽培
始于公元前 10 世纪（距今约 3000 年前）的观点较有说服力。过去认
为始于公元前 4 世纪，而现有考古成果则将其往前追溯了不少。不过
从日本列岛的人类史来看，似乎并没有那么悠久。

若将 4 万年前人类入住日本列岛至今视作一年，公元前 10 世纪则
相当于 12 月 5 日。虽然人们一直说米是日本人的主食，但列岛上人们
的食米历史其实异常短暂。

今天，列岛上最古老的水田遗迹之一是佐贺县唐津市的菜畑
遗迹[②]。

[①] 有经由朝鲜半岛传入、从长江河口直接舶至九州、从冲绳与南洋诸
岛传入等说法。

[②] 不过并不是"稻作"即"水田稻作"。因为即使没有菜畦与灌溉设
备，也可培育水稻。

在面向玄界滩的唐津，出土了诸多遗迹。在 1980 年开展的菜畑遗迹调查中，发现了碳化米、锹与刀状石器等，该遗迹于 1990 年被修缮为历史博物馆及公园。

关键是不仅发现了水田，还出土了锹等木制农具和割稻穗的刀状石器[1]。换言之，舶来的不只是栽培稻，水稻耕作系统也被打包传入了日本[2]。

虽说是水田，当初也只有土垒起的垄与并无坝子阻挡而挖掘成的水渠。随着时代的更替，逐渐升级成铺设木桩的垄和水渠[3]。

不过，菜畑地区的居民并非只种植水稻。遗迹中还出土了野兔、鼯鼠、儒艮、海豚等动物的骨头以及鲨鱼、鲻鱼等鱼骨。可见，他们将水稻栽培与狩猎采集、捕鱼、旱田耕种相结合，以此维持生计。

总之，即使种植技术得以传播，米也未成为日本人的主食。

追根溯源，水稻栽培并非是一下子传遍整个列岛的。在很长一段时间里，旱田作物面积更为广阔。实际上，在弥生时代的遗迹中，出土的橡子比稻子多[4]。当时，村里有名为"橡子洞"的坚果储藏洞穴，必要时可用水浸泡后去涩食用。

弥生人似乎始终不满足于只靠米果腹。和单独将米蒸熟食用不

---

[1]　《末卢馆展示图录》，唐津市教育委员会，1993 年。

[2]　木村茂光编：《日本农业史》，吉川弘文馆，2010 年。书中认为，同时期传入日本的不只有水稻栽培体系，还有名为"环濠聚落"的聚落形态、支石墓等造墓方法、水田耕作祭祀仪式、金属器具使用方法等。后文中关于古代与中世的农业政策等内容也参考了此书。

[3]　矢板是为防止水浸入而打的板状桩子。水田中还发现了生长于中国山东省以北的杂草石龙芮，可知栽培稻是从中国大陆和朝鲜半岛舶来的。

[4]　寺沢薰著：《王权诞生》，讲谈社学术文库，2008 年。

同，他们一般会掺入橡子等坚果、杂粮、薯类等食材，做成粥一样食用[1]。不知道古代人的味觉如何，但莫名感觉相当难吃。

米的特点是食用以后有提升血糖值（GI 值）的效果。当时的人们大概将它视为"食用后会令人精神抖擞的神奇食物"[2]。

虽然如今米已被作为减肥天敌般纳入高 GI 值食品行列，但对当时从事农耕与陵墓修建等体力劳动的人来说无疑极其珍贵。那时候还没有精制白米的技术，推测人们食用的是类似胚芽米的谷物。

当时，人们没有一心扑在米上可谓是英明的决策。因为夏季台风一旦到访，米的收成便会瞬间无望，而橡子与板栗等坚果在秋天仍会结出果实。换言之，食材采取多样化栽培，旨在降低因气候变化而带来的风险[3]。

● 农业是不幸的开端

放眼世界，农业革命并未给人类带来幸福。究其原因，虽然食材总量增加，人口有所增长，但也产生了营养失衡与新式疾病。

与享用多样食物的狩猎采集时期不同，农耕社会里的饮食只能依赖米等单一食材。结果，营养失衡、维生素与矿物质缺乏的情况层出

---

① 《三国志·魏志·倭人传》从中国视角讲述了 3 世纪的邪马台国，里面记录了稻与粟的栽培。不过，据说当时人们会捕捉鱼类、蛤蜊、鲍鱼，不用野生的生姜、橘、山椒、蘘荷，一年中都在吃生蔬菜，米似乎只是食材的一种。

② 佐藤洋一郎著：《米的日本史》，中公新书，2020 年。GI 值是指食用后血糖值上升程度的指数。

③ 石川日出志著：《农耕社会的成立》，岩波新书，2010 年。

不穷。不仅如此，农耕开始后，椎间盘疝与关节疾病随之袭来。麻疹和天花等从家畜传给人的疾病也屡见不鲜。集体生活沦为疫病的温床。

《人类简史》一书讽刺道，不是人类驯化了动植物，而是被动植物驯化了。

列岛上暴力冲突的增加，也是从人类进入定居生活、普及水稻栽培后开始的。

狩猎采集者之间虽然也有竞争，但通过相互保持适当距离便可以轻松回避争斗。就人口密度极低的列岛而言，想必连集体偶遇的可能性也很小。

然而，定居生活可不行。

众所周知，在国家成立以前，农耕社会中的暴力行为发生率极高[1]。在列岛上，九州北部的战争似乎异常残酷。当时的聚落地窄人多，技术又限制了耕地规模的扩大。为渡过食物不足的难关，列岛上周期性地发生着抢地、抢水、抢劫事件。

对饱受饥饿折磨的定居群落来说，掠夺是合乎常理的选择。因为不能放弃自己的土地，就只能从其他群落掠夺作物及家畜。综观历史，世界各地均发生过农民间的战争[2]。

随着大和政权的建立，争斗的时代暂时告一段落，但数百年间，水稻的生产力一直停滞不前。托牛马耕田等技术革命的福，7—8世纪，东日本的水田面积也有所增加，但在整个列岛全面普及水田仍为时尚早。

---

① 阿扎·加特著：《文明与战争》，中央公论新社，2012年。

② 詹姆斯·C.斯科特著：《反谷物的人类史》，MISUZU书房，2019年。

时至 8 世纪，教科书中记载的《三世一身法》^①与《垦田永年私财法》^②正式登场，水田开发受到大力推行。

古代国家在全世界范围内以米和小麦等谷物作为征税单位。因为谷物每年几乎都可以在同一时期收获，搬运起来也方便，不加脱壳处理还能延长保存期限。总之，对国家而言，谷物是便于管理的必需品。

然而，水田的开发似乎并没有如中央政府设想的那样一帆风顺。针对奈良盆地的研究指出，正式的水田开发始于当权者们夜以继日开拓庄园的 11 世纪之后（详见第三章）。

除此之外，政府也并非仅推行了水田开发。如 715 年颁布的诏书（天皇命令）中便指出农民只埋头于水田耕作的弊端，为避免旱灾时的饥荒，倡导栽培板栗等旱田作物。

尽管日本在 11 世纪正式推进了水田开发，但一次耕作后便被弃置的土地和休耕地比比皆是^③。即使周而复始地种植水稻，也不会轻易引发连作障碍^④。然而水田的维护并非易事，若不借助化学肥料和农药的力量，想消灭杂草及害虫便难于上青天。

当列岛上水田一望无际的风物诗屡见不鲜，便已经进入了 17 世纪的江户时代。整个列岛进行着大规模的新田开发，村庄增多了，人口

---

①　为鼓励开垦，承认土地私人占有的法令。该法令规定新掘沟渠开垦的田地准许三代占有，利用旧沟渠开垦的田地只准许开垦人终身占有。——译者注

②　该法令承认自行开垦的土地永为私有，为私有庄园的诞生创造了条件，与后期庄园制度有着密切关系。——译者注

③　佐藤洋一郎著：《稻的日本史》，角川 SOFIA 文库，2018 年。

④　连续在同一土壤上栽培同种作物或近缘作物而引起的作物生长发育异常。——译者注

数量也大幅增加 [1]。不仅如此，随着《农业全书》等农业指南类书籍的普及，知识终于逐渐被全列岛居民共享。

然而，即便进入了江户时代，逛逛都市地区便会发现，米似乎仍然不是主食。

● 米成为主食的历史不过百年有余

明治初期的 1878 年，政府调查了日本各地的食米率。令人吃惊的是，没有任何一个地区将米作为唯一主食。在日本近畿地区与中国地区中食米率超过五成的相对较多，大多数地区止步于三成。他们不仅食米，还将小麦、谷物、番薯、萝卜和南瓜等一同作为主食 [2]。

都市地区食米习惯的普及始于江户时代，至明治初年已成主流。然而，贫困者例外。他们每天在残饭屋 [3] 将就着填饱肚子，偶尔走运则混上一口泰国米 [4] 制成的粥类 "上等" 食物，但主要还是食用麦子和小米。可以吃上白米，成了军队的吸引力之一。

食米率在全日本范围内有所提高，已经是 20 世纪 20 年代的事了。

然而，本应荣登日本人主食宝座的米，迅速陷入了危机。需求的扩大导致日本国内米的生产供不应求。政府试图通过引入西贡米与朝鲜米等进口米来渡过难关。但进口米需要巨额费用。1919 年，首相甚

---

① 据推测，1600 年为 1227 万人口，1721 年增加至 3128 万。详见鬼头宏著：《从人口解读日本史》，讲谈社学术文库，2000 年。

② 大豆生田稔著：《米与食物的近代史》，吉川弘文馆，2007 年。

③ 将剩菜剩饭处理后进行销售的店铺。——译者注

④ 从东南亚及中国南部等地进口的米，米粒细长，缺乏黏性。——译者注

至呼吁大家节约用米，并提倡米麦混食 ①。

20 世纪 20 年代以后，日本企图利用侵略殖民地的方式实现米的"自给自足"，到了 20 世纪 20 年代末期，该目标基本实现。人们逐渐从小麦等其他食物中获取能量，也是其目标达成的间接原因之一。然而，1937 年日本侵华战争全面爆发，海外小麦进口量骤减。1939 年的大型旱灾更是雪上加霜，使得日本政府"自给自足"之梦彻底破灭 ②。

不仅如此，进口米的运输变得越发困难，征兵与战时动员又导致农业所需青壮年劳动力的不足，农机农具和肥料工业也被征用于军事中，日本农业遭受了致命的打击。加上 1945 年发生了史无前例的大规模歉收，当时的日本因战败已无法再从朝鲜和中国台湾掠夺米了。

另一方面，因复员与撤军，仅从日本战败至 1947 年末已有 536 万人返回日本。加之战后的"婴儿潮"，整个岛国陷入了严重的食物匮乏。

日本主动接受了来自美国的食物援助，形成了极度依赖美国进口的食物生产结构。美国也有自己的盘算，战后学校供给的食物是面包和脱脂奶粉，长期将米排除在外。当米重新成为食物供给中的主力，已经是 1976 年的事了。

然而，随着日本国内农业顺利完成战后复苏，1955 年时米的总产量首次突破了 100 万吨大关 ③。电动拖拉机的引进、大米品种的改良、

---

① 1919 年，原敬发表了一篇名为《米麦混食的奖励》论文。当时的日本政府为了解决食米需求的扩大，花费巨额预算采购进口米。

② 1940 年，日本政府开始管理谷物，强化粮食增产政策。然而自 1941 年起，食品供给率退至 20 世纪 30 年代的水平。

③ 同年，东芝首次进行自动电饭煲的全面发售。

肥料与农药的增投效果显著。

昭和时代，日本人大量食用米。有记录显示，1962 年人均大米年消费量为 118.3 千克[1]。在从事体力劳动年轻人口较多的时代里，米无疑成了经济发展的原动力。

● 控糖减肥的盛行

战后的日本，米仍旧依赖进口，直到 20 世纪 70 年代，进口量才逐渐接近于零。综观整个 20 世纪，日本人一直苦恼的"米匮乏时代"终于宣告结束。

然而，讽刺的是，解决了米匮乏问题的同时，米过剩的时代悄然到来。

20 世纪末，米的年人均消费量开始持续减少。1980 年为 78.9 千克，2000 年为 64.6 千克，2018 年更是跌至 53.8 千克。其原因在于人们饮食生活变得丰富多彩，以米为中心的时代已成为过去。

通过面包摄取碳水化合物、偏好肉和油炸食品等选择欧美式饮食风格的人与日俱增。考虑到人们平均摄取卡路里也在减少，想必老龄化的影响也不小。

如今，米又在完全意想不到的方面面临着巨大危机——控糖减肥的盛行。

人们渐渐发现，21 世纪初因用于控制糖尿病而备受瞩目的控糖饮食对普通人的瘦身也卓有成效。控糖减肥作为"谁都能轻易做到，短期内不需要努力便可实现真实减重"的瘦身方法而风靡一时[2]。

---

[1]　参考农林水产省《食物需求供给表》。

[2]　夏井睦著：《碳水化合物消灭人类》，光文社新书，2013 年。

含糖食材中被视为眼中钉的是白米。据 2018 年畅销书《世界上最简单且有科学依据的究极饮食》所述，"白米几乎等同于砂糖"，若每日吃上两三碗，"患糖尿病的风险便开始增加"。书中断言，白米是即便少量食用也会危害身体的食物[1]。白米等白色碳水化合物不仅会让人增肥，似乎还对身体有害[2]。

今后，米的消费量大概仍会持续走低，"日本人的主食"宝座被夺去之日或许已近在眼前。如同 1993 年般的米骚动[3]应该不会再次上演了。即便出现气候异常导致米资源匮乏，现代人应该也不会那样歇斯底里地执着于米了。

正如本章所述，米并非从远古时代便存在于日本。日本列岛上的居民在狩猎采集时代，每天吃着不同的肉类和树木的果实。现代丰富的饮食生活或许是当时的升级版。米从"日本人主食"的神坛跌落也不必过度悲伤。

全日本将米作为唯一主食的习惯，不过始于短短百余年之前。而仅靠日本国产米填饱肚子已经是 20 世纪 70 年代以后的事了。若将 4 万年的列岛人类史换作 365 天来思考，那便是大晦日[4]的事了。

---

① 津川友介著：《世界上最简单且有科学依据的究极饮食》，东洋经济新报社，2018 年。该书是一本汇集健康领域高可信度论文见解的书。

② 新潮社的社餐因各种碳水化合物的碰撞组合而有名，例如主食为上海炒面、菜肴为虾仁炒饭的搭配。

③ 1993 年，日本列岛迎来了历史性的冷夏，米的全国平均收成跌落至往年的七成。黑市的大米（自主流通米）增多，引发了粮食管理制度的改革，这一事件亦使米的流通限制大幅缓和。

④ 日本人把 12 月 31 日称为"大晦日"。日本不过农历新年，"大晦日"等同于中国的除夕，是日本非常重要的节日。——译者注

第九章
神话与传说的日本史

● 诞生于神话的日本列岛

日本之国家是何时、以何种形式开始的呢？

据说日本列岛变成类似如今的模样大约是在 300 万年以前，人类到达列岛大约在 4 万年以前。地域首领建立了联合国家，"日本"之国号与"天皇"之称呼诞生于大约 1300 年前。

然而，神话描绘出一个全然不同的日本诞生故事。在 720 年完成的官方历史书《日本书纪》中，开篇便记述了如下内容[①]：

> 古天地未剖，阴阳不分，混沌如鸡子，溟涬而含牙。及其清阳者薄靡而为天，重浊者淹滞而为地，精妙之合搏易，重浊之凝竭难。故天先成而地后定，然后神圣生其中焉。

诞生的数位神明中，重要的是伊邪那歧与伊邪那美这对兄妹神。由于他们的近亲交合，才诞生了"大日本丰秋津州"（本州）与"筑紫

---

① 宇治谷孟著：《日本书纪（全现代语译）》，讲谈社学术文库，1988 年。

州"（九州）等岛屿，日本列岛最终得以形成。

由此可见，日本是从性，而且是近亲交合中诞生。

这便是《日本书纪》中记载的开天辟地与国家诞生的传说。后来，诸神降临大地，大打出手，其子孙中的一人征服了列岛，作为天皇即位。同时期完成的《古事记》中，其故事梗概情节也大同小异。

在认为支持 LGBT[①] 不可理喻的自民党议员[②] 看来，因近亲交合诞生了国家的情节实在让人难以接受。有段时期，保守派们还曾控诉过历史教科书上登载日本神话[③]。

然而意味深长的是，如此天马行空的情节并非举世无双。实际上，类似的神话在世界各地比比皆是。

● **世界上神话仅分为两类**

世界神话学说[④] 将世界上多种多样的神话划分为两大类。

一类是在非洲中南部与澳大利亚广为流传的冈瓦纳神话，它被视为随人类早期迁徙而传播开来的神话群。

在冈瓦纳神话中，世界从最初便存在，没有由神创造天地的场景。其着眼点在于动植物和地形的起源，传说性较弱。归根结底，似乎也可以视作传说诞生以前的人类创世纪思考。

---

① 即性少数群体。——译者注
② 杉田水脉著：《LGBT 支援过度》，《新潮 45》2018 年 8 月号。
③ 育鹏社编：《新日本史（新编）》，2015 年。书中设有"从神话看我国诞生的传说"一节，描述的是日本列岛诞生至国家统一的过程，其中只记载了伊邪那歧和伊邪那美这对"男女之神"，性相关描写皆被省略。
④ 后藤明著：《世界神话学入门》，讲谈社现代新书，2017 年。

日本神话中的天照大神

　　另一类是在欧洲和亚洲常见的劳亚神话。这类神话大多以世界本不存在开篇，讲述最初的神，特别是男女神的诞生，描绘天地的分离。接着向大地的形成与秩序化、光的出现、龙的降伏等主题发展。

　　人们认为劳亚神话群的诞生晚于冈瓦纳神话，而且以西亚文明圈为核心，随着种群的迁徙而传播至世界各地。

　　日本神话中，属于劳亚神话的主题频繁出现。仅国家诞生的神话，也与冲绳、东南亚及波利尼西亚等地的神话存在诸多共通点。据《古事记》记载，孕育列岛的伊邪那歧与伊邪那美二神，分别绕柱而行后相遇①。

　　然而，因女神伊邪那美率先开口搭话，最初的交合失败，未能诞下一个正常的孩子。这一点不仅与东南亚神话不谋而合，而且时至今日，类似的仪式在一些地区仍有举行。

　　日本神话与众多日本游客心目中的旅游胜地夏威夷当地流传的神

---

　　①　伊邪那歧与伊邪那美既是兄妹也是夫妇。

话也存在诸多共同点^①。

据夏威夷当地神话的描述，天空神与女神首先诞下夏威夷岛与茂宜岛。天空神趁女神在外时与其他众女神偷情，又孕育出拉奈岛与摩洛凯岛。女神勃然大怒，与其他神产下欧胡岛。虽然存在一定区别，但在岛诞生自男神与女神的交合这点上是完全一致的。

不仅如此，伊邪那歧为追寻去世的伊邪那美而赴黄泉之国的桥段，不仅在新西兰毛利族神话中有相似传说，与希腊神话中的俄尔甫斯传说也大同小异。

日本与希腊的直线距离在9000千米以上。即便是现在，从日本换乘飞机去希腊也需15小时以上。因此，难以想象两地在神话诞生的时代里曾在互相的大地上有过密切交流。

然而，日本神话与希腊神话相似，实际上不足为奇。其原因在于，关于黄泉之国的情节在世界各地皆有迹可循。

● **无文字时代的传说**

正如前文所述，日本神话并非是日本独有的，想想人类的迁徙便能明白这一点。人类最初从非洲散至世界各地，之后迁徙也从未停止。

世界各地发现了多处人们曾进行过繁荣贸易的痕迹^②。虽然数量本身并不多，但跨海往来已然存在。有物流便意味着存在人与人之间的接触。想必其中既有旅行商人等旅客，也有移居的民众。他们不仅是物品的运输者，应该也是神话的传播者。

---

① 吉田敦彦著：《日本神话的源流》，讲谈社学术文库，2007年。

② 仅在日本列岛内，已发现青森县的三内丸山遗址里有新潟县丝鱼川的翡翠和岩手县北部的琥珀等物品。另外，黑曜石作为绳纹时代交易往来的证据而闻名。

说成神话是有些夸张，其实主要是些有趣的小故事和传闻。大概就像听说某神为寻觅过世的妻子而奔赴黄泉之国，而妻子因吃了当地的食物无法回家等传说一样，在数代、数十代人之间口口相传。

与现代相比，虽然当时的信息传播速度慢得令人难以置信，但毕竟也不是鱼类、肉类等生鲜食品的运输。传说没有保质期，即使传了数百年、数千年也无妨。

在口口相传的过程中，传说在被多次改编的同时，扎根于世界各地。

当然，逸失的传说估计也不在少数。现代人之所以能享受神话的乐趣，得益于人类在某一时期发明了文字，进而将传说记录了下来。

依现有定论，前 3500 年—前 3000 年，人类发明了文字[1]。如今的伊拉克和科威特所在地美索不达米亚地区最先开启了象形文字[2]的使用。当地出土的黏土板上写着"29086 大麦，37 个月，库希姆"，似乎是一则名为库希姆的人收领大麦的行政公文。

就这样，文字当时在美索不达米亚地区仅被用于簿记，而用于神话和文学传播又是过了 500 多年的事了。著名的《吉尔伽美什史诗》[3]完成于前 2000 年左右，此时距文字诞生已历经千余年。

研究表明[4]，数万年前人类已开始使用类似文字的符号，而世界上掌权者将文字用于统治是近 5000 年的事情吧。

---

[1]　尤瓦尔·赫拉利著:《人类简史》，河出书房新社，2016 年。

[2]　美索不达米亚地区的乌鲁克象形文字被认为是世界上最古老的文字，也是后来楔形文字的起源。——译者注

[3]　人类最早的长篇叙事诗，世界文学史上的瑰宝。——译者注

[4]　吉纳维芙·冯·佩金格尔著:《是最古老的文字吗？》，文艺春秋，2016 年。

文字传入日本列岛的准确时间尚不明确。作为记忆力的替代品，再没有什么比文字更为便利的东西了。因此也可以认为文字几乎与水稻种植、铁的舶来般久远，不过并没有切实的证据。

在管理一定规模的共同体时，文字不可或缺。日本列岛各地兴建了比例相同的前方后圆坟（详见第二章）。换言之，设计图是存在的。比起插图，附加说明更为便利，至少数字是必需的。但古坟的设计图至今仍下落不明。

目前已发现了镌刻着"奉""竟"等汉字的貌似2、3世纪的器具，但其用法比起文字，更接近于符号①。此外，还发现了疑似公元前后（大约2000年前），镌刻着"子"等汉字的砚台②，但这仍不能证明当时在列岛上文字已被用于日常生活中。

专家也认可的列岛上最古老的文字使用实例，是埼玉县出土的铁剑上镌刻着的115个字③。虽然铁剑本体出土于1968年，但直至1978年进行保存处理时，才发现剑的两面竟然镌刻着文字。

上面记载着"乎获居"这一人物传至8代的家谱，以及祖祖辈辈侍奉"获加多支卤大王"（大王即天皇）的工作。开头处写着"辛亥年七月"，显然最有说服力的解释是该铁剑与471年侍奉雄略天皇的乎获居有关。

铁剑出土于当时的边境之地埼玉，可见在5世纪时日本列岛上已

---

① 市大树著：《飞鸟的木简》，中公新书，2012年。

② 《弥生时代砚上的最古老文字》，《每日新闻》2020年2月2日朝刊。

③ 出土于稻荷山古坟的铁剑，被称为"稻荷山古坟出土铁剑"或"金错铭铁剑"。出土时覆盖着铁锈及剑鞘的木质，并不知上面刻有铭文。奈良的研究所在进行除锈处理时，发现其闪着金色光辉的部分，后用X光照射。详见埼玉县立埼玉史迹博物馆编：《埼玉旅行指南》，2016年。

经广泛使用汉字。不仅是汉字，4 世纪后半叶至 5 世纪间，关于大陆与半岛起源的新知识也已经逐渐变为共识。小到色彩与器具喜好等生活方式，大到家庭的理想状态，来自海外的影响可见一斑①。

当时，神话或许也已经使用文字编写，但没有传下来。至今留存最古老的神话是完成于 8 世纪初的《古事记》与《日本书纪》。两书相似点较多，合称为"记纪"②。

● 得以留存的传说

托"记纪"的福，现代人还能接触到古代神话。然而，留下那些传说的是当时的掌权者。可以认为，当时必然存在着比如今更多的神话。想必是权贵们从中进行了取舍，抹去了对自己不利的传说。

劳亚神话原本就是有利于当权者的传说。原因在于，它对王与贵族诞生的理由进行说

藤原不比等像

① 其中可见炉灶与须惠器（一种素烧陶器）的使用、横穴式墓的建造方法、父系的亲族构造等列岛文化中的巨大变化。详见藤尾慎一郎、松木武彦著：《由此改变！日本的考古学》，吉川弘文馆，2019 年。

② 基本可以确定《日本书纪》完成于 720 年。712 年编纂的《古事记》在记录 697—791 年历史的《续日本纪》中并未被提及，也有研究者认为该书（部分）为伪书。"记纪"中重复内容较多，但《古事记》中出云神话的内容占了大量篇幅。

明，并将他们的权力正当化。或许世界各地之所以流传着如出一辙的劳亚神话，也是因为掌权者们试图有效地利用它。

"记纪"在讲述诸神的传说以后，接着讲述他们的子孙，即天皇家的历史。应该注意的是，"记纪"完成于 8 世纪初期。因此其中既有天皇家的情况，也有体现藤原氏一族意图的相关记载。

虽然本书尽可能不出现专有名词，但不得不提"藤原氏"。藤原一族于 7 世纪中叶日本实行国内改革时突然崛起，登上了历史舞台，在此后超过 1000 年的漫长岁月里持续干预着国政。

在 645 年大化改新①中大显身手的中臣镰足，临死之际被天皇赐姓"藤原"。而镰足之子藤原不比等奠定了此后藤原氏的根基（暂且记住这些便已足够）。

藤原氏的影响之大在现代的姓氏中仍可窥见一二。在日本，"佐藤""伊藤""加藤"等由"藤"字组成的姓氏不胜枚举，他们大多是藤原氏的后裔（含自称）。"佐藤"即"佐野地区的藤原"，"加藤"即"加贺地区的藤原"，如此云云。

藤原氏凭借将族内女子嫁入天皇家的战略，数代都享受着荣华富贵。也有研究者认为"天皇制的本质"即"成为天皇外戚（母方亲戚）的藤原氏利用天皇的潜在权限，从而掌握实权"②。至少天皇家与藤原氏相辅相成，控制着国家的中枢是确凿的③。

11 世纪伊始，上皇与武士两大势力兴起，但藤原氏依然如日中

---

① 古代日本社会政治变革运动，因发生在大化元年而得名。——译者注

② 大山诚一著：《神话与天皇》，平凡社，2017 年。

③ 仓本一宏著：《藤原氏的研究》，雄山阁，2017 年。该书认为，《日本书纪》完成时正值藤原不比等弥留之际。大概是想赶在他尚在人世时完成编纂吧。

天。甚至连丰臣秀吉也有一段时期为了冠名"关白"而改姓藤原。

顺便一提,藤原氏的本家分为近卫家、鹰司家、九条家、二条家和一条家之五摄家,明治天皇的皇后出身于一条家,昭和天皇的生母出身于九条家。甚至于直到近年,藤原氏依然干预着天皇家相关事宜。

甚至存在这样一种可能,或许"记纪"中的神话也安排了对藤原氏想拥立的下一任天皇有利的情节[1]。

对于试图给天皇穿上隐身蓑衣以掌握实权的藤原氏来说,重要的应该是天皇神格化[2]。实现神格化的必需品正是传说。

一部名为《C.M.B》的漫画中有如下对话[3]:

> "你觉得国王为什么要举行那么烦琐的仪式来加冕呢?"
>
> "因为想显示威风。"
>
> "那是为了不被杀才戴上皇冠的呀。靠暴力当上统治者的人,自然会被其他觊觎王位的人盯上。为了规避这种风险,必须广而告之自己身为统治者是特别的存在。因此才要推选,举行大肆铺张的加冕仪式。"

虽然是时代与国家皆不同的人物之间的交谈,却恰恰符合7世纪至8世纪间日本的情况。7世纪中叶,借政变将权力收入囊中的天皇与藤原氏,理应会为自己沦为下一次政变的靶子而惴惴不安。

---

① 大山诚一著:《天孙降临之梦》,NHK出版,2009年。

② 神格化是指赋予人神的品格与特征并进行崇拜。——译者注

③ 加藤元浩著:《C.M.B》,38卷,2018年。这里展示的是13世纪时冰岛政治家斯诺里·斯图鲁松与其部下的对话。斯诺里是真实存在的人物,作为北欧神话《埃达》的编纂者而闻名于世。笔者在引用时补充了标点。

于是，将神话朝着有利于自己的方向编写也不足为奇 ①。当然，那时已有神话和历史书流通于世面，并非完全是从零开始胡编乱造的。不过，对当权者而言，历史的"编辑"与"篡改"似乎都易如反掌。

"天孙降临"与"万世一系"的神话讲述了天皇是神的子孙，其血脉至今延绵不绝的构想，而将其作为正史记录的正是《日本书纪》②。尽管该书神话与再创作的占比较高，但仍采用了历史书的体例编写。

就结果而言，《日本书纪》似乎达成了目的。在此后的历史中，几乎所有的天皇都没有实权。既没有强大的军事实力，也没有充裕的财政。如果说那样的天皇家得以延续至今的理由是他们的权威，那么毫无疑问，权威的根源之一便是《日本书纪》中记载的神话。

● 日本最接近一神教的时代

日本靠神话统治国家。尽管如今人们会笑说"过去的人们还真相信神话这种东西啊"，但如此荒唐的想法竟然延续至近代。

在 1868 年的明治维新中，近代日本仍不得不参照古代 ③。明治维新的核心力量明明是来自萨摩藩与长州藩等偏远地区的武士，但他们并不认为自己能成为名副其实的"日本之王"。

---

①　通常认为"记纪"之前便存在皇统谱《帝纪》和历史书《旧辞》。而且，《日本书纪》中以"一书曰"的形式引用了众多文献。

②　多数研究者认为"第 15 代应神天皇，至少从第 26 代继体天皇起是实际存在的"。继体天皇是少数因宫内厅的"无心之失"而导致陵墓被挖掘的天皇。明治时代，宫内厅指定三岛蓝野陵为其陵墓，而今城塚古坟似乎才是真正的继体天皇陵。考古挖掘调查中发现了大规模土俑祭祀场等。

③　及川智早著：《日本神话是如何被描述的》，新潮选书，2017 年。

　　这便是天皇家族的权威发挥了作用。不过，以天皇家族为中心对日本进行统治，仅限于神话时代和古代。其焦点在于合称为"记纪"的《古事记》和《日本书纪》。

　　明治以后，为了彰显天皇家族的权威，报纸、杂志及艺术作品中频频出现日本神话，教科书中更不必说。

　　例如，神前式婚礼是从大正天皇的婚礼后流行起来的"新型"结婚仪式。原本日本的结婚仪式不过是交杯换盏"三三九度"①等家族间的契约仪式，与诸神毫不相干。通过引用伊邪那歧与伊邪那美孕育日本国土神话的形式，才诞生了神前式婚礼②。

橿原神宫

---

　　①　日本传统婚礼备有小中大三种酒杯，供新人喝交杯酒的仪式。第一杯小杯，顺序为新郎→新娘→新郎；第二杯中杯，顺序为新娘→新郎→新娘；第三杯大杯，顺序为新郎→新娘→新郎。共饮 9 次。现在有时也会省略每一杯中的第三个步骤，变成第一杯（小），新郎→新娘；第二杯（中），新娘→新郎；第三杯（大），新郎→新娘。——译者注

　　②　大正天皇在皇祖神天照大神面前（实际在供奉三神器之一——八咫镜的宫中三殿贤所）举行了婚礼仪式。不过在普通的神前式婚礼中，百姓大多会用家喻户晓的伊邪那歧与伊邪那美挂画作为装饰。

　　7 世纪的大化改新再次受到人们的关注也是在该时期①。当时毫无疑问发生了某场政变，但将其视作与明治维新同样的政治变革，倒是颇具新意的想法。

　　大化改新主张废除以往恶习，建立以天皇为中心的国家，对幕府末期的志士和明治政府来说较为有利。

　　被视为日本传统的东西不少是明治时代的再发现或再发明。事实上，连初代神武天皇也是在明治时代重新被认识的。

　　神武天皇直到幕府末期似乎都不太引人注目。甚至在天皇家族的祖先祭祀中，人们也将天智天皇及其子孙光仁天皇和恒武天皇视为直系祖先，而神武天皇反倒被遗忘了。

　　明治政府在重视神武天皇的基

神武天皇

础之上，明治五年（1872 年）时以神武天皇即位元年为起始，制定了纪年方式。战前日本多用"皇纪②2600 年"之类的纪年方法来代替西历。神武天皇即位的日子"纪元节"还被指定为国家法定休息日，

---

　　①　黑田智著：《藤原镰足穿越时空》，吉川弘文馆，2011 年。

　　②　神武天皇即位纪元，又称"日本皇纪"，是日本的纪年方式之一。以日本神话中第一代天皇神武天皇的即位元年开始起算，比现行西历公元元年早 660 年。——译者注

经过牵强附会的计算后定在了 2 月 11 日 ①。

不仅如此，明治二十三年（1890 年）供奉神武天皇的橿原神宫建成。这座巨大的神社位于奈良县亩傍山东南麓。其位置是根据传说而定。用于修建神宫区域的 76000 根木材中，至少有 22000 根是来自日本各地的献木。这座"新神社"想必是为了宣传天皇家族自神武天皇起那悠久的历史而建。当然，至今仍没有发现任何宫城遗址。

随着列岛上铁路网的发展，橿原神宫与天孙降临之地高千穗和天照大神供奉之地伊势神宫作为"圣地"，成了闻名遐迩的观光地。特别是"皇纪 2600 年"（1940 年）的参拜者，仅元旦三天休息日内便有 125 万人，2 月 11 日纪元节当天更是有 70 万人前去参拜 ②。

日本没有普及一神教，不能说与其历史上不曾诞生过唯一的强大政权完全没有关系。从该意义上说，或许日本最接近一神教的时期是太平洋战争时期。

● 散逸的传说

日语中有一词叫作"散逸物语"。顾名思义，即曾经存在，但如今已散落或遗失的传说。

---

① 据《日本书纪》记载，神武天皇即位之日是"辛酉年春正月，庚辰朔"。换言之，旧历中能对应上的只有 1 月 1 日。顺带一提，"纪元节"曾因美国驻日盟军总司令的方针在战后被废止，1966 年起作为"建国纪念之日"再次启用。之所以不称其为"建国纪念日"，是因为插入"之"后能将其解释为"虽然不知建国的具体日期，但用于纪念建国的日子"，想必是日本式妥协的产物。
② 该数字参考橿原神宫官网。

在人类的历史长河中，散逸物语想必不在少数。特别是在没有文字的时代，即使谁想出了精彩绝伦的情节，也只能依靠口口相传的方式将其留存。尽管其中一些以神话的形式部分留传至今，但原型早已无从得知。

紫氏部与源氏物语

文字诞生后，因战争等原因仍存在大量的散逸传说。大约 1000 年前完成的《源氏物语》中便有《唐守》《藐姑射的刀自》《交野的上将》等多个如今已经散逸的传说留存下来。

虽然这些传说被多篇文献提及，其存在本身已毋庸置疑，但如今已无法知其全貌①。在没有复印机和照相机的时代里，复制只能靠人工实现。若不是谁有着"好想把这个传说留下来"的一腔热血，传说便无法留存至今。

就连贵为国家正史的《日本书纪》，现存的最早版本也是抄本。《日本书纪》最古老的写本完成于 9 世纪，但留存的仅极少数卷。我们

———————

① 《唐守》是"难题求婚型传说"（通常指女方向求婚者指派难度高的任务，许诺其达成后方可结婚），《藐姑射的刀自》是与异乡相关的传说，有学者指出两者均与现存的《竹取物语》有共通性。详见神野藤昭夫著：《散逸的物语世界与物语史》，若草书房，1998 年。

将 9—14 世纪的写本内容组合在一起，才勉强掌握其内容全貌①。

连"正史"都是这番光景，可见《源氏物语》等传说得以留存至今，正是胸中燃着希冀其跨越时空般热情的书迷们存在的证据。

传说对作为生物的人类而言，并非生存必需品。但是，自远比现在贫穷，甚至为生存拼尽全力的时代起，传说便已经存在。那么，为何人类需要传说呢?

理由之一是传说中有"救赎"，也可以说成是有"幻想"。传说能让人在充斥着痛苦的现实中留有片刻喘息，予人以美梦，亘古以来一直让人心醉神迷。

比如，在《古事记》的大国主神与须势理公主的故事中，男主人公借助女性力量接连突破难关，与岛耕作系列②的故事情节如出一辙。面对须佐之男给出的刁钻考验，须势理公主暗中提示对策，帮助从容不迫的大国主神赢得了信赖③。

即使是现代，传说背后隐藏的也仍是所处时代背景下人们的欲望。

1997 年，日后突破史上畅销纪录的两部作品诞生了，即《哈利·波特》与《航海王》。两者的共同之处在于主人公从故事开篇起便拥有远超人类的能力。

《哈利·波特》与《航海王》于同时代诞生绝非偶然。它们的主人公不是靠后天努力获得成功，而是利用与生俱来的能力展开冒险故

---

① 甚至是完成于 840 年、全 40 卷的《日本后纪》现存也仅有 10 卷。

② 讲述主人公岛耕作在初芝企业打拼数十年，最终成为社长的漫画。故事中的岛耕作常在各个女性角色的帮助下渡过难关。——译者注

③ 《古事记》的译本数量较多，笔者认为不完全翻译的桥本治版本最容易读。

事。在经济增长陷入瓶颈、出身变得越发重要的时代里，想必有许多希望将梦想寄托于幻想世界的人存在^①。

从《日本书纪》到《航海王》，传说中充满了人类的向往之情。

---

① 2016—2020 年连载于《周刊少年 JUMP》的《鬼灭之刃》是一部精于描写修行的场景、讲述主人公奋斗历程的漫画作品。努力终有回报的话题再度风靡，或许意味着比起出身，寄希望于努力的人增多了。

第十章
土地与日本史

⬤ 不能随心所欲使用土地的理由

《哆啦Ａ梦》系列有一部名为《大雄的日本诞生》①长篇作品。故事从大雄一行人试图离家出走，却苦于居无定所之处展开。他们用秘密道具在空地上建造房子，被土地所有者驱逐，费尽千辛万苦终于找到深山里的村庄，但村庄后又被用作大坝而沉入水中。

他们感叹着"日本的每寸土地居然都有主人"，为土地问题而愁眉不展。后来，他们意识到，如若回到"没有人类居住的时代"，便能实现"整个日本都是我们的地盘"。于是，哆啦Ａ梦一行人如往常一般搭乘时光机，驶向了7万年以前的日本列岛。

他们的"发现"合情合理。从地球诞生、陆地形成之时，"土地"便已经存在。当时的"土地"不属于任何人。然而，现在地球上大多数"土地"都有主人②。

在7万年以前的列岛上，大雄一边在地面上划线，一边喊着"从

①　藤子・F. 不二雄著：《哆啦Ａ梦大长篇 大雄的日本诞生》，小学馆，1989年。

②　正如下文所提，此观点有些不准确。

这到这是我的地盘哦"，来宣告自己的土地私有权。同样，小夫与胖虎也互相喊话"这里的一千坪（大约 330 平方米）土地是我的啦""我要这边的 1 万坪（约 3300 平方米）土地"。

倘若现代人真的穿越回 7 万年之前，如法炮制大雄的做法，就能在现代成为"大地主"了吗？答案是"很难"。

其理由在于，为了拥有土地的所有权，必须付出难以想象的成本。

原本对列岛居民而言，在很长一段时期内并不需要拥有土地。因为过着迁徙生活的狩猎采集者只要随狩猎捕鱼不断变化生活场所即可。

若以现代狩猎采集民族为切入点来思考[1]，想必他们要花费几乎一整天的时间外出觅食，没有什么比找到食材更为重要。他们在森林及原野中觅得食材，进行烹饪，填饱肚子后便悠哉游哉地度日。对他们而言，拥有土地的感觉聊胜于无。

假如大雄在 7 万年前的列岛上立下不会腐烂的界碑，一直维持其土地所有权的话，至少在那之后超过 6 万年的时间里，该土地被其他人夺走的可能性微乎其微。即使原本狩猎采集者们看不懂界碑，可能会擅自闯入，但一段时间后大概便会转移到其他场所了。

● **"大雄的土地"面临危机**

土地所有权的观念诞生于人类开启定居生活之后。列岛上开始水稻栽培时，环濠聚落等也出现了，守护群落的想法便应运而生。人类

---

[1]　奥野克己著：《与无须感谢和道歉的森林居民共居的人类学者之见》，亚纪书房，2018 年。

开始有了"整个村落都是我们的地盘"这种意识。

随之进一步发展，村落里居住的人们开始在各自住宅地周围划定分界线①。如群马县出土的 6 世纪遗址中，住宅地和庭院田地便被人用矮墙围了起来②。该住宅样式被视为土地私有的开端。

不过，当时的列岛人口至多数百万。并非在整个列岛上都诞生了私有地，只有部分环境适宜的土地有人居住。再加上对以水稻栽培为中心的群体而言，共有水田与水渠较为合理，因而似乎也并没有发展成私有观念。

然而在该时期，"大雄的土地"早已面临危机③。因为在开垦与居住都轻而易举的情况下，已经无法仅凭界碑守住土地了。

现代人购买土地，可以通过登记等方式拥有所有权。换言之，土地受法律保护。若有人违法入内进行建设，只要拨打 110 报警或提起诉讼即可。

可是在古代日本，列岛上没有通行的法律。换句话说，土地要么自己守着，要么请人守着。况且那是个公文契约都毫无意义的时代，想要守住土地，除了物理设防，便只能找附近有头有脸的人撑腰。

在该时期，列岛各地已经出现了强大的当权者。人们对他们唯命是从，其目的之一便是获得安全保障。

当时的日本可以说是处在一个没有警察，各地的暴力团体疯狂展

----

① 土地相关的基本信息，适当参照了日本国土厅土地局土地信息课主编《日本的土地》，以及 1996 年与渡边尚志、五味文彦著《土地所有史》（山川出版社，2002 年）。

② 群马县涉川市黑井峰遗址是 1500 年前因火山喷发而灭亡的村庄，又被称为"日本的庞贝古城"。

③ 原作中，主张土地所有权的大雄被哆啦 A 梦以"土地资源十分充足"而放弃了私有化。

开地盘争夺战的时代。只要生活的场所不太偏僻，便唯有自己成为暴力分子，或是请求某个暴力团体庇护。

即使现代也存在许多尚未被承认为国家的地区。多数居民并不认为没有法律约束便可以自由自在地生活，于是寻找靠山，以求保护人身和财产安全。

"大雄的土地"也需要建起坚固的墙壁以抵御敌人入侵，配置迷你哆啦A梦作为士兵，或者向实力强大的首领交保护费，请其守护好土地。不过，大雄也不会想一直住在古代的列岛上吧。若不能通过土地来谋利，如培育作物或以耕地的形式租给他人，钱便只能打水漂了。

● 普天之下，莫非王土？

整个列岛在经历了暴力团体冲突此消彼长的古代战国时代后，逐渐被天皇家族统一。7世纪，日本开始户籍登记，对"国民"实行耕地租借这样的制度[①]。

简而言之，推出了"全部土地归属国家（天皇）"原则。"大雄的土地"在名义上也归天皇所有。

然而，列岛上的居民并不承认"土地归天皇所有"。事实上，日本于723年和743年分别颁布的《三世一身法》和《垦田永年私财法》也倾向于承认土地私有化[②]。

---

① 这一制度又称班田收授法，即国家定期给予户籍受国家管理的公民一定份额的田地，并且在其死后收回的制度。不过，豪族与强势寺院会保持土地私有。

② 即使承认土地私有，也必须纳税。换言之，终止了名义上的"土地归国家所有"，取而代之的是政府可管理的土地增多了。详见中公新书编辑部编：《日本史的论点》，中公新书，2018年。

若说如此一来，列岛居民便能同现代人一样建造自有住房，就大错特错了。因为贵族、大寺院、神社和地方权贵们雇佣当地居民开始大规模的开垦。到了9—10世纪，农民土地私有才有所进展。此时，史称"豪民"和"百姓"的新兴农民权贵势力扩大。

不过，即使辛辛苦苦开垦出来的土地，也时常有被掠夺的危险。在"普天之下，莫非王土"的时代里，甚至存在土地被国家夺走的案例。于是，人们通过将自己的土地进贡给贵族等有权势的人而得以保住使用权。因为当时贵族们有权拒绝外部权力的行使。

中世是中央权力靠不住的时代。人们以上皇、武士与寺院为靠山，各自依托权贵们保障其土地的安全。据资料记载，甚至有人将土地所有者供为神佛。

与古代相比，中世时期守住"大雄的土地"所需的花费或许多少低廉一些。究其原因，当时通过地契等文书维持土地所有权的规矩已经存在了。

当然，在基本依赖自救的时代里，该类文书的效力与现代土地登记不可同日而语。伪造的文书漫天横行。因权利关系错综复杂，一片土地归属多名权利人的情况也不足为奇。归根结底，若想守住土地，需要依靠哆啦A梦的道具。

● **不自由，才平等**

经过战国时期，完成全国统一的丰臣秀吉对整个列岛展开了耕地调查①。

———————————

① 即太阁检地。战国大名也曾实施过检地（领主对农民持有的土地进行测量调查），但全国规模的检地在当时是首次。

这次调查实际上是用标杆测量农耕地，以决定征收税金（地租）的额度。虽然提起地租，脑海中浮现的全是农民愁眉苦脸的样子，但这其实有些误解。因为在农民看来，该依靠谁来守住自己的土地是一清二楚的。

另外，此次调查也梳理了土地的权利关系，使当权者得以掌握实际耕作者的情况。从结果来说，该调查消除了中间利益，为小农的自立助了一臂之力。

"大雄的土地"也已经无须自行看守了。若按时上缴地租，自己的土地便能得到认可。凭借一元化的权力结构，私有权得以保障的时代到来了。

丰臣秀吉的政策被始于1603年的江户幕府继续沿用。

1643年，一条值得关注的法令出台，即江户幕府禁止农民们买卖耕地①的规定。

从现代人的视角来看，国家禁止土地私人买卖实属多此一举②，但在当时有其合理的理由。贫困的农民卖掉土地后，难免陷入更为贫穷的困境。同时，也有防止土地资源过度集中在财力雄厚的农民手中的目的。

江户时代的农民不是以个人，而是以家庭的名义持有土地。在多数人没有上下班概念的时代里，"家"便是以生产为目的的共同体。"家"的最高家长，肩负着将祖先留下的土地传承给子孙后代的使命。

---

① 即"田畑永代买卖禁止令"。宽永大饥荒导致了农村的贫困化，幕府一改此前政策，致力于保护小农。

② 现代日本也通过《农地法》设定了耕地买卖必须经过农业委员会许可的限制。

不仅如此，因为当时基本是长子单独继承，所以土地和经营资本才得以在不分散的状态下给下任家长①。就结果而言，这样更易于对土地改良进行长期投资。日本的农业就这样靠"家"机制繁荣了起来。

但是，任何事物都有变通之法。法令禁止的是土地的永久买卖。换言之，只要限定期限即可。于是，人们采用了典当这一方法。

基本上同现代的当铺一样，以土地做担保来借钱。若在规定期限内无法还钱，土地便归贷方所有。不过那时也有个令人不可思议的惯例，即土地沦为流当品后，无论经过多少年，只要偿还本金便可将其赎回。这大概便是土地与人类特有的联系吧。

然而江户时代后期，本应被禁止的永久买卖开始横行于世。典当中的流当品成了时兴货，禁令变得有名无实。

到了明治时代，西方思想传入日本列岛。明治政府认可了土地私有。就结果而言，一部分富裕阶层成了大地主。而另一方面，没有土地的佃农（向地主租借土地务农的人）空前增多。

简单来说，没钱的人会立即出售土地。然而，因生计所迫，人们必须劳作，便向地主租借土地。

自由买卖衍生差距。这样做的结果就是，成功者与失败者之间的差距越来越大。然而，私有权概念的发展对经济发展至关重要②。因为可以独享自己几乎③所有劳动成果的安心感，会鼓舞着人们努力向前。

---

① 木村茂光编：《日本农业史》，吉川弘文馆，2010 年。

② 威廉·伯恩斯坦著：《"财富"的诞生》，日经商务人文库，2015年。伯恩斯坦认为，繁荣的要素包括私有财产权、科学的合理主义、有效的资本市场以及高效的运输、通信手段。

③ 所谓"几乎"，是因为在保障私有权的国家而言，需要缴纳税金。

反过来说，江户时代是以禁止土地买卖的不自由，换取能够保障相对平等的时代。

● "世代相传的土地"是真的吗？

若大雄出售土地，明治时代以后或许是个好时机。因为那时日本官方已给出许可，终于可以自由买卖土地了。如果"大雄的土地"位于市中心，就更幸运了。

近代是城市文化日新月异的时代。放眼东京，国会议事堂与省厅自不必说，丸之内大厦与东京海上大楼等大型办公楼鳞次栉比[1]。

高层建筑增多的理由之一是电梯的普及[2]。

无论在技术层面上再怎么突破，在没有电梯的时代里，住在高层也只能意味着与"千辛万苦"做伴。实际上，在江户时代以前建造的城中，王公贵族们并非住在天守阁里。天守阁只是作为战时瞭望台而建造的，和平时期仅作为没有实用性的权力展示。随着电梯技术发展，住在高处成为财富与权力的象征[3]。

随着城市人口聚集，郊外生活也受到人们的关注。电力铁路公司开发郊外，利用列车使其与市中心相连。当时这些公司几乎都兼具电灯和电力的供给业务。也就是说，铁路的铺设带来了电力的普及，即使身居郊外也可以享受现代生活。

---

[1]　冈木哲志著：《从江户到东京的由来教科书》，淡交社，2017 年。

[2]　安德烈亚斯·伯纳德著：《富人住高层的理由》，柏书房，2016 年。

[3]　1649 年，3 层建筑被取缔，百姓不能建造高层建筑。不过据说到了幕府末期，违反高度限制的建筑仍在增加。详见大泽昭彦著：《建筑物高度的历史变迁》，《土地综合研究》，2008 年春季号。

然而，大多数人依然从事着第一产业。

倘若"大雄的土地"是农耕地，那么，该地只要维持着私有权利，相应的收益便会提升。当时，随着西方农业经验的传入，农业生产力明显提高。通过品种改良、肥料增投、土地改良等一系列举措，开始逐渐收获更多的农作物[1]。

1929 年，农耕地中租借来的竟高达 48%。若以农户为单位计算，2/3 为佃农抑或自耕农兼佃农（主要耕种自己的土地，同时也租田耕种的人）。向地主租田耕种的人数之多可见一斑。

战败后的农地改革彻底改变了这一局面。国家强行并购了地主的土地，再以低价出售给佃农。因为原本设定的价格极其低廉，再赶上通货膨胀，多数情况下，土地无异于免费提供。结果，农耕地中的租借比率下降至 10%[2]。

虽说当时处于美国占领之下，但国家在强迫地主放弃私有权这一点上依然算得上是相当大胆的政策。那时，如果"大雄的土地"是广阔的农耕地，可就凶多吉少了，想必他被迫放弃土地私有权的概率极高。尽管他也可以选择使用秘密道具防卫，但那样就必须做好同美国全面开战的准备。

老话有"世代相传的土地"，名义上是"世代相传"，实际上却大多数仅指从本次农地改革中得来的土地。

想必如今尚存的大地主也大多是从明治时代开始累积耕地资源的新兴势力吧。虽说是"世代相传的土地"，但在多数情况下大约为私

---

① 猪濑直树、矶田道史著：《明治维新不曾改变的日本核心》，PHP 新书，2017 年。

② 1947—1950 年，共收购了 192 万公顷农耕地，其中 188 万公顷被卖给 470 万家农户。

有土地 70 年，至多也不过 150 年的历史[1]。可见列岛上的土地所有者更迭不息。

● 超过九州面积的土地归属不明

战后的经济增长抬升了地价。

特别是在 20 世纪 60 年代至 80 年代后半期，企业用地与土地投机行为使地价水涨船高。

尤其是史称泡沫经济的第三轮地价高涨期，一时间"将全日本的地价相加，就能买下两个美国"传遍了大街小巷[2]。"大雄的土地"若在东京都中心地区，且奇迹般地拥有所有权的话，那么在该时期出手或许能一夜暴富。

至此，我用"大雄的土地"这一虚构事例，讲述了土地的历史。即使回到过去的日本列岛主张土地所有权，要想守护其 7 万年也需要耗费超乎寻常的辛劳。

原本大雄的目标是为了找到离家出走的落脚地，基于"日本的每寸土地皆有所属"的认知，回到了 7 万年前。

然而，实际上该认知并不正确。

据日本国土交通省推测，列岛上的私有土地中，竟有大约二成归属不明。从面积上看，已超过九州[3]的规模。虽然一时令人难以置信，但据说多数土地登记于很久以前，根本无从找寻其所有者。

---

[1] 正因如此，上野千鹤子在《一个人的老后》中提倡无须为老后放弃土地而感到罪恶（文春文库，2011 年）。

[2] 猪濑直树著：《土地的神话》，小学馆文库，2013 年。

[3] 吉原祥子著：《人口减少时代的土地问题》，中公新书，2017 年。

　　土地权利人死亡时的继承登记并非义务，既费钱又费功夫。土地资产价值高的东京中心地区另当别论，其他土地继承人因为麻烦而不去登记的案例比比皆是。

　　据说征购某条街作为县道建设用地时，发现了连续三代不曾进行继承登记的土地。经负责人仔细调查，了解到该地的继承人多达 150 人。征购土地必须得到全员的同意，因此花费的精力超乎想象①。

　　其实，大雄离家出走，只要去归属不明的土地或是未登记的偏乡僻壤即可。或许存在严格意义上难以确认所有权的情况，但即使随意入住，亦不会受到指责的土地应该不在少数。

　　实际上，时常听说有人为无法赠出稀里糊涂继承的山间野地而心烦意乱。没有资产价值的土地只是负债。若在全日本范围内找寻想赠送土地给大雄的人，大概会有成千上万吧②。

　　另外，若放眼海外，有像南极那样因条约③规定，领土权不属于任何国家的地区；也有像挪威领地内的斯匹次卑尔根群岛那样，缔约国公民④无须签证即可入住的地区。大雄若能通过任意门去斯匹次卑尔根群岛，那也是不错的选择。

---

　　① 原本就算不登记也还存在着一种被称为"土地户籍"的地籍调查制度。该制度要求调查每一土地区划的所有人及面积等信息，并加以核实。明治时代开展过类似地籍编纂调查，但半途而废了。1951 年，虽然随着《国土调查法》的施行，该项工作再度展开，但只完成了一半国土的核实，据说全部完工仍需 60 年甚至 120 年。

　　② 在那种情况下，大雄一行人需要支付固定资产税。他们的零花钱是否足以负担税仍是未知数。

　　③ 《南极条约》规定，出于和平目的，南极地区主权归属未定。——译者注

　　④ 《斯瓦尔巴德条约》规定缔约国公民可以自由进入。日本是该条约的缔约国之一。——译者注

● 人去街空

两成私有地归属不明，说到底不过是资料上显示的。然而在今后的日本，实际抛弃土地之人或许会有增无减。

2014 年发表的震惊东京都内外的《增田报告》指出，在 2040 年以前，全日本有 896 处自治体存在消亡的可能性。这份研究报告发表自在东京知事竞选中因败给小池百合子而闻名的增田宽也团队[1]。

据《增田报告》所示，在年轻女性流失率较高的自治体中，因少子化导致的人口减少得不到缓解，最终会陷入"地方消亡"的境地。他们推算北海道与东北地区的大约 80%、山阴地区[2] 的城市大约 75% 均属于"可能消亡的城市"[3]。

另一方面，向东京等大都市圈迁移的人口连绵不绝。据统计，东京人口仍在持续增长。2001 年为 1200 万人，2010 年增加至 1300 万人，2020 年已超过 1395 万人。不过，预计 2026 年以后，连东京也会陷入人口日益减少的境地[4]。

尽管如此，在东京都中心地区建造公寓、东京都外建造小别墅的住宅建筑狂潮仍在持续发酵[5]。与海外不同，日本的二手房流通市场

---

① 详见增田宽也著：《地方消亡》，中公新书，2014 年。

② 日本本州西部面向日本海一侧地区。——译者注

③ 后来《增田报告》招致众多批判。"消亡"一词存在误导性，并非指该城市物理意义上从列岛消失。20 世纪 80 年代，"限界村落"论（因人口外流导致共同体运转机能面临极限、即将消失的村落）盛行一时，但据说并不存在因老龄化而真正消失的村落。详见山下祐介著：《限界集落的真相》，筑摩新书，2012 年；《地方消亡的陷阱》，筑摩新书，2014 年。

④ 东京都政府编：《东京都区市町村人口预测》。

⑤ 野泽千绘著：《老去的房屋，没落的街》，讲谈社现代新书，2016 年。

并不十分发达，新建住宅更为抢手。

结果会如何呢？日本将出现大量空房。

预计 2033 年，每 3 户中便会存在 1 户空房。以户数来计算，会出现 2100 万户空房。据说，泡沫经济时期也已经出现了公寓贫民窟化的案例。未来将出现大量危房。若大雄没有回到过去，而是去了未来，大概也能找到很多可以自由使用的空房子^①。

在城市规划宽松的日本，即使是在地壳活动的断层上，抑或河流沿岸等灾害易发地区，从行政层面禁止新建住宅也不是件易事。尽管媒体似乎连日通报气象灾害，但因天灾导致坍塌与浸水的房屋未来想必依然会有增无减。

在人口减少的社会里，被弃置的房屋与土地必然会持续增加。除东京都中心部分地区，土地或许不再是必须守住的财产，而是成了无论如何都要处理掉的麻烦。

话说回来，《哆啦 A 梦》中描绘的 22 世纪的日本，是一幢幢摩天大楼鳞次栉比、社会繁荣昌盛的美好光景。在未来的 100 年内，日本能迎来光明的转机吗？

---

① 可能会变成《大雄的空房发现记》等毫无梦幻色彩的故事。

第十一章
家庭与男女的日本史

本书起初连载于《新潮45》杂志。后因某自民党议员的一篇短论导致该杂志被迫停刊。那位议员以 LGBT 情侣无法繁衍后代，不具备"生产性"为由，向使用纳税人的钱支援该群体的政策提出质疑[①]。

该发言迅速席卷各大媒体，轰动一时，而那位议员很早以前便开始对日本的家庭崩溃问题忧心忡忡了。

过去日本丈夫外出工作，挣来的钱交给妻子以维持家庭生计，有着男女各司其职的传统。该分工的瓦解与家庭崩溃，乃至日本崩溃休戚相关[②]。

● **家庭始于何时？**

要想定义"家庭"，难如登天。尽管集体生活与人类历史几乎同样悠久，但工作男、守家女与小孩这样的"家庭"构造并非普遍

---

① 杉田水脉著：《LGBT 支援过度》，《新潮45》2018 年 8 月号。

② 杉田水脉著：《为何我要同左翼对抗》，青林堂，2017 年。作者认为，以亲子间感情为基础的家庭建设十分重要，过去的日本就是以这样的家庭为基础，建立起国家的。

存在。

归根结底，除人类以外的灵长类动物没有"家庭"的概念。雄性与雌性交媾产下后代，并不意味着它们将继续共同生活。

在大猩猩和黑猩猩群体中，雌性脱离母亲庇护，自行寻找伴侣生育后代。恐怕早期人类也是如此，但因迁徙至稀树草原后被迫做出了改变。

在外敌众多的稀树草原上，人类似乎孕育了更多的后代。然而人类的婴幼儿期较长，长大成人需历经数年。为了帮助需要细心呵护的孩子茁壮成长，男性也会参与育儿工作，这在客观上促进了共同保育的发展。有观点认为那便是家庭的起源①。

不过，真相面前，谜团重重。家庭起源说大致可分为两类：一类是主张男女皆与多名伴侣保持性关系，部落内部的成年人齐心协力共同育儿的"古代公社"说；另一类为主张自古以来便存在由一对彼此忠诚的夫妻与孩子组成核心家庭的"永远一夫一妻制"说②。

大概两者兼而有之吧。不同的时代与地域应该存在着多种多样的集团，没必要寻找人类社会中共通的家庭起源。

即使仅着眼于日本列岛，也同样存在着古代家庭的未解之谜。不过，已经发现了疑似同属某家庭的人们被一起埋葬的案例。据说宫城县贝冢出土的 8 具人类头盖骨有着相似的特征，在遗传学上十有八九存在着密切关联③。由于整个列岛都发现了类似的案例，可见在绳纹时代，或许以家庭为单位的墓并不稀奇。

————————

① 山极寿一著：《家庭进化论》，东京大学出版会，2012 年。

② 尤瓦尔·赫拉利著：《人类简史》，河出书房新社，2016 年。

③ 宫城县东松岛市里滨贝冢的案例。详见山田康弘著：《绳纹人的生死观》，角川 SOFIA 文库，2018 年。

不过，即使是家庭，也不能生搬硬套现代的印象。比如，同一处出土的男女人骨，通常被现代人认为是夫妻。但实际上或许是兄妹或姐弟，抑或是主人与奴隶也未可知[1]。

● 夫妻合葬的古坟几乎不存在

尽管时代的更迭从未停歇，人们从 3 — 7 世纪列岛上兴建的古坟中依然可以略窥过去家庭的形态[2]。

古坟即当权者之墓。多数墓中葬有数人[3]，而其中的初葬者[4]尤为重要。因为古坟正是为此人而建。

据古坟研究显示，初葬者有男有女。特别是 3 — 5 世纪，男女占比似乎势均力敌。换言之，当时日本女性首领人数与男性相差无几。想到 21 世纪日本政治家与管理人员中女性稀少的情况，那简直像是天方夜谭。

大约 5 世纪伊始，初葬者为男性的古坟与日俱增。此时正值大和政权统一列岛的时代，与朝鲜半岛的紧张军事关系似乎也成为男性占优势地位的主要因素之一。至少当时权力阶层似乎从重视男女双方血统的"双系制"国家，逐渐转变为只重视父系血统的"父系制"国家。

---

　　① 　实际上有方法能从骨骼中提取线粒体 DNA，检测双方遗传学上的关联。然而，线粒体 DNA 仅随母系遗传，似并不适用于绳纹时代的人骨研究。但多数研究者认为，大人与孩子合葬可视其为亲子关系。

　　② 　清家章著：《从埋葬看古坟时代》，吉川弘文馆，2018 年。

　　③ 　其中也有如长野县森将军冢般埋葬了足足 81 人的案例。但多数情况下，同墓人数为 2 人至数人。

　　④ 　初葬者指先葬入的人。地位相当于古坟的主人，通常为家族中的首领。——译者注

古坟研究还发现了另一个有趣之处。随着时代的流转，手足关系似乎越发受到重视。事实上，以夫妻为中心埋葬的古坟反倒几乎不存在。

例如海螺小姐①一家，很可能埋葬海螺小姐与鲣男的墓里没有鳟夫先生②。那么鳟夫先生葬于何处呢？"归葬说"最有说服力。换句话说，女婿与儿媳都要埋葬到各自出生地的陵墓之中。

尽管古坟时代落下帷幕，对手足关系的重视却延续了下来③。在平安时代的贵族中，出身不同的夫妻大多是埋葬在各自父系一族的墓中。因为在古代，比起婚姻契约关系，更看重血缘联系的同族关系。

也难怪，在古代结婚相当随意。当时的"妻问婚"④颇为有名。男或女向对方搭讪以示求婚，若对方也正有此意，两人立即共赴云雨，这样便算成婚了⑤。婚后男女仍会暂时分居，离婚也并不困难⑥。

---

① 《海螺小姐》是日本女性漫画家长谷川町子的四格漫画，多次被改编成动画、电视剧等。其中河豚田海螺与河豚田鳟夫是夫妻，与矶野鲣男是姐弟。——译者注

② 准确来说，海螺小姐随鳟夫先生姓河豚田，鳟夫先生户籍上并非入赘婿。

③ 综合女性史研究会编：《日本女性史4：婚姻与女性》，吉川弘文馆，1998年。

④ 又称"访妻婚"。与云南摩梭人的走婚相似。在一夫多妻制中，男方有在经济上支持妻儿的责任，这点与一夫一妻、男方无须负责女方及子女生活费的走婚不同。在大和时代，母系氏族组织和观念尚未瓦解，妻问婚便是当时社会状态下的产物。——译者注

⑤ 被搭讪的一方为"TSUMA"（TSUMA的语源仅指配偶，无关男女。因此无论汉字"妻"还是"夫"，均对应ツマ），该搭讪行为又称"TOHI"（访妻）或"YOBAHI"（夜爬）。

⑥ 久留岛典子等编：《从性别看日本史》，大月书店，2015年。关于日本史中的性别问题可随时参考此书。

不过，显示男女同居的史料也很多，想必最终过渡为同居的夫妻也不在少数吧。

不仅如此，古代户籍中夫妻基本是异姓。父亲的姓氏由其子嗣继承，而母亲则保留自己出身家族的姓氏[①]。比起夫妻组建的家庭，古代更重视出身的血缘关系。

"妻问婚"是否真的普及过，至今仍疑团重重，但毫无疑问，当时的婚姻制度比如今更为宽松。可见女性在法律上也曾被视为独立的存在[②]。

当时，女性还拥有土地所有权与继承权，为管理庄园亲临现场的证据也留存至今。顺带一提，在中世庄园的开发中，史称"女院"的女性皇族所做出的贡献不容小觑（详见第三章）。

与同时代的中国相比，日本女性拥有更多的权力。她们也可以领取国家发放的农田，承担相应的纳税义务，或者被差遣去宫廷做杂役。

另外，观察当时的家谱，便会发现同一父母所生的孩子即属同族，男女一视同仁，仅按出生顺序登记姓名[③]，没有正妻与妾室之分。

至于普通百姓，因缺乏资料，实情尚且不明。如果连贵族也实行"妻问婚"，那么百姓的结婚方式应该会更加灵活吧。

● **日本也曾存在一夫多妻制的真相**

数百年的时光流转，日本列岛由"双系制"转向"父系制"。与

① 今津胜纪著：《户籍讲述的古代家庭》，吉川弘文馆，2019 年。
② 梅村惠子著：《家庭的古代史》，吉川弘文馆，2007 年。
③ 在 8 世纪以后的族谱中，同父所生的孩子被视为同族，且男孩优先登记。

此同时，女性的权利逐渐开始受到限制。

众所周知，平安时代贵族实行一夫多妻制。10世纪初以前，尽管妻子之间尚未存在明显的尊卑关系，但正妻已逐渐开始被特殊对待。

一夫多妻制并非得到所有女性的认可。如10世纪的某位贵族妻子在其所写的日记中，对身为花花公子的丈夫接连纳妾的嫉妒与厌恶之情一览无余[1]。特别是在丈夫与妾室的孩子夭亡时，她喜不自胜。从该日记能够清楚、完整地记录来看，可以说女性受到的差别对待并没有太严重。

尽管是一夫多妻制，但同时有多位妻子的平安贵族寥寥无几。其中大多是由于妻子去世或离婚后再婚的情况。即使有，充其量也至多3人。

当时，英年早逝的女子大有人在，其主要原因在于怀孕与分娩。在医疗技术尚不发达的平安时代，分娩是性命攸关的大事。据某分析显示，贵族男性的死亡高峰期出现在50多岁，而女性仅为20多岁[2]。据说因分娩而殒命的女子有成千上万。平安时代男性贵族多次结婚似乎也是基于此缘由[3]。

---

[1]　藤原道纲的母亲（原名不详，大贵族藤原兼家众多妻子之一。因平安时代妇女社会地位低下，不传其名，便借用其子藤原道纲来称呼）于10世纪后半期写下《蜻蛉日记》。据说该日记影响了《源氏物语》等一系列作品。顺带一提，日本贵族阶层直至11世纪后半期才实行一夫一妻制。

[2]　大镜洞窟居住遗址中可确认死亡年龄的男性有168名，女性有62名。数据来自当时的研究。详见梅村惠子著：《家庭的古代史》，吉川弘文馆，2007年。

[3]　时至今日，分娩虽然不似平安时代般九死一生，但对女性而言仍是存在风险的人生大事。1899年孕妇的死亡率为平均每10万人中409.8人，该数值于2017年下降至3.4人。详见厚生劳动省编：《人口统计资料集》，2019年。

家的组建夯实了"父系制"的根基。所谓"家"，类似如今家族经营的小型公司。贵族们的家承包了诸如医疗与天象等天皇委派的工作。随后组建的普通百姓的家，则主要以农业为生。

家族中遵循父系继承原则，担当代表的基本只有男性。中世以后，家庭制度在列岛各个阶层中推广。

男性代表被称为家长。例如，在世代农耕的家庭里，家长给妻子和家仆安排好一天的工作后，自己也去埋头干农活。家长如同公司社长，把家料理妥当，进而期待下一代顺利继承。

我们可以试想一下乡下的农家。职住一体，导致家务与工作的区分模糊不清，无论男性还是女性，甚至连孩子也会一起工作。也可能存在与姑父、舅妈、家仆等非同族亲属住在同一屋檐下的情况。插秧、道路修缮等以村为单位的工作也不胜枚举。这便是历史的车轮从中世碾过时，列岛上随处可见的家的模样。"丈夫外出工作，挣来钱交给妻子"的家庭暂时尚未出现。

● 和平的江户时代，女性地位一落千丈

直至中世，依然存在女性持有与继承家庭土地的案例，但随着近世（江户时代）的到来，女性要成为一家之主，变得越发困难。

尽管如此，与同时代的欧洲相比，日本仍略胜一筹。16 世纪中叶，造访日本的基督教传教士惊讶地记录下在日本非处女也可以结婚、妻子可以提出离婚、妻子有权利不经丈夫允许便随心所欲去任何地方等"奇闻"①。

---

① 路易斯·弗洛伊斯著：《欧洲文化与日本文化》，岩波文库，1991 年。

众所周知，始于 17 世纪的江户时代，是女性地位一落千丈的时代。特别是武士等精英阶层只重视男性的门第，把女性当作"生育机器"[①]。

据说，女性地位下降的原因之一是受到社会大环境的影响。江户时代是和平的时代。和平要通过秩序来保障。维持秩序需要使身份与性别歧视正当化。江户幕府实行差别对待便是受到儒教影响。

江户时代前期出版了一本名为《女镜秘传书》的女性自我启蒙书，书中记载着年轻男性们喜欢肤白娇媚、如微风拂柳般温柔的女性，并劝告她们身材不要太过强壮，手指不要变得粗大。可见当时柔弱的女性已然成为某种理想型。

在所有人都必须拼命劳作才可以存活的时代里，这般"理想女性"的形象难以成立。虽然似乎各个时代、各个地域都有美人，但处于为糊口而拼尽全力阶层的人们理应没有探讨"理想女性"的精力。

也可以说，正是因为处在和平且已获得一定财富的时代里，将肤色白净、温婉娴静的女性视为理想型的女性歧视顽疾，才一步步变得病入膏肓的吧。

● **男色盛行的江户时代**

顺便一提，江户时代也出现了许多男同性恋者。准确地说，男色当时被日本社会接受且完全没有被视为不正常[②]。

当然，男同性爱并非始于江户时代。平安贵族的日记中频频出现

---

① 本乡和人著：《日本史的要点》，文春新书，2018 年。
② 加里・P. 勒普著：《男风的日本史》，作品社，2014 年。

相关记述，甚至有天皇出于性爱目的雇用美少年的记述①。不仅如此，还有天皇为向男宠示爱，任命其为高官②的记述。后来，在武士及寺社中也兴起了男色文化。

江户时代初期，男色作为一大性产业蓬勃发展。以都市圈为中心"经济性中产阶级"的兴起使得性产业的巨大市场应运而生。

不仅江户、京都与大阪"三都"，在名古屋、仙台等数十座城市及宿场町③都可消费男色。除此之外，登载男风的出版物也接连发行。

然而，与其说独好男色的男性众多，不如说男女通吃的男性数不胜数。17世纪畅销作家井原西鹤为笔下人物设计了"男色女色别无二致"的台词。其中说的便是在两性关系中，无关性别的爱④。

即使在现实社会中，好男色也不妨碍结婚。幕府将军德川纲吉似乎更喜欢男性，但仍与女性诞下了子嗣。

男同性爱如此流行的背后，也有着男女比例失调⑤的实情。据说在18世纪30年代的江户，每100名女性对应170名男性，因为来自

---

① 在藤原赖长和藤原兼实的日记中，提及了白河天皇与鸟羽天皇。

② 据《平治物语》记载，后白河上皇破格提拔了情人藤原信赖。但信赖最终于政治斗争中落败，被后白河抛弃，在京都的六条河原被斩首。信赖作为28岁便殒命的倾城美男子被赋予了各种传奇色彩。在NHK大河剧《平清盛》中，搞笑艺人塚地武雅出演的信赖角色让粉丝跌破了眼镜。

③ 以驿站为中心，沿着主要交通要道发展起来的集镇或村落群。——译者注

④ 出自1686年出版的《五个痴情女子的故事》中的台词。直到26岁才和女性发生关系的主人公与年轻女性共赴云雨时的心境。

⑤ 人口学上关于男女人口数量的一种比率，以每100名女性所对应的男性数量为计算标准。现代性别比的合理区间为102∶100—107∶100。

江户之外的男性为谋求生计同样聚集于此。后来，移居江户的女性也日渐增多，当男女比例完全实现一比一时，已经是明治维新的前一年，即 1867 年的事了。

随着女性人口增长，江户的男娼文化日益衰落。后来，受西方文化传入的影响，男同性恋猝不及防地成了禁忌。

● 实为激进的"生产性"议员

家庭的形态没有因明治维新而迅速改变。职住一体的小本企业式家庭仍是主流，甚至在新制定的民法中也保留了家庭制度[①]。

20 世纪初（大正时代），家庭发生变化的征兆终于显现。

得益于第一次世界大战后的经济繁荣，公司和工厂的建立如雨后春笋般，丈夫在外工作、妻子负责家务的家庭与日俱增。

当时，家庭主妇首次诞生。此前的家庭没有供养无业成员的余力，基本上无论男女，凡是能工作的人都会上阵。

像这样男主外、女主内的家庭被称为"近代家庭"。顾名思义，它诞生于近代，但部分保守派的人似乎误以为近代家庭是日本的传统家庭。

近代家庭并非一下子在全日本"千树万树梨花开"。20 世纪中叶以前，日本列岛上务农者占压倒性多数，只有部分特权阶级能有幸成为工薪阶层抑或家庭主妇。据说，即使在都市圈中也是独立经营者居多，无所事事还定期有收入进账的工薪阶层成为人们向往的存在。

不仅如此，20 世纪 30 年代后半期，战争正式打响。女性代替出征战场的男性成为珍贵的劳动力。日本政府出台了对共同参与社会劳

---

① 在《明治民法》规定中，家的首位为"户主"，其余的成员为"家属"，本书不采用该区分。

动女性的保护方针，还在全国兵工厂等地设置托儿所，才得以让女性大显身手。

然而战败之后，女性劳动者再次陷入逆境。因《明治民法》的修改，家庭制度被废止。尽管新宪法设立了在法律之下男女平等的条文，但现实是寸步难行[1]。

日本战败后，驻日盟军总司令提议废除以世代为单位的户籍，创建以个人为单位的出生卡制度。然而日本司法省[2]以纸张不足为由，拒绝了这一提议。物资确实是不足，但官僚优先考虑实务，似乎想将法律修改止步于最低限度[3]。结果，举世罕见的户籍制度在个人编号制度诞生后依然残存。

战后，日本以惊人的势头实现了经济复兴。随着经济日益繁荣，外出工作的女性占比下降。横跨经济高度成长期，直至 1975 年，女性劳动参与率持续下降，与此同时，全职主妇人数不断增长[4]。

本章开篇介绍了那位"生产性"议员的发言："日本过去是丈夫外出工作，将挣来的钱交给妻子以维持家庭生计。"

发言中的"过去"，至多只能追溯到大正时代，该现象成为常态已经是 20 世纪 70 年代以后的事了。确实可以将半个世纪以前称为"过去"。不过，将近代家庭的模式作为保守主义者所坚守的传统，似乎过于新潮了。

---

① 横山文野著：《战后日本的女性政策》，劲草书房，2002 年。

② 日本法务省的前身。——译者注

③ 下夷美幸著：《日本的家庭与户籍》，东京大学出版会，2019 年。

④ 从 20 世纪 30 年代始呈持平状态的女性劳动力参与率于 60 年代一落千丈。特别是 25—29 岁年龄段，1960 年为 56.6%，1970 年为 45.4%，1975 年甚至跌至 42.6%。详见总务省统计局编：《劳动力调查》。

假设如此近代家庭的组成难以维系，日本便会崩溃，那么 20 世纪 70 年代以前的日本一直是崩溃的。那就持有如此激进的历史观吧，但那般思想与保守可谓风马牛不相及 [①]。

● 家庭的未来与生殖的未来

确实，家庭的形态日新月异。20 世纪 50 年代，日本的终身不婚率，男女均在 1%—2%；而 2015 年，分别上升至男性 23.4%，女性 14.1% [②]。据预测，到 2035 年时，男性为 30%，女性为 20%。也就是说，结婚不再是理所当然的事情了。

尽管如此，母亲与孩子的羁绊似乎依旧最为根深蒂固。用机器代劳分娩根本是无稽之谈。换句话说，在女性生子的意义上，母子间的羁绊本身便难以削弱。

不过科技或许会从根本上改变家庭的形态。例如，iPS 细胞 [③] 理论上存在从皮肤细胞分化精子和卵子的可能。随着研究的深入，高龄伴侣等也可以孕育出子嗣吧。

或许将某时代视为理想的人会认为那是"家庭的崩溃"。但只要回顾日本历史，便会发现普遍性的家庭模式并不存在。而那些鼓吹"家庭崩溃"的人真正应该担心的，是自己的脑袋有没有崩溃。

---

① 可以称其为"学识浅薄"。把没什么了不起的历史事物尊为"传统"的人不计其数。如保罗·马扎利诺在《历史的"普通"是什么？》（BEST 新书，2018 年）中便讽刺了该现象。持续 30 年便成了"辉煌传统"的事物似乎多如牛毛。

② 终身不婚率指未婚的、50 岁以上的男女在总人口中的占比。日本最近也将其简单称为"50 岁时不婚率"。

③ 诱导性多能干细胞简称为 iPS 细胞。——译者注

第十二章
未来与预测的日本史

大阪即将于 2025 年举办世博会。世博会是世界博览会的简称，自 1851 年于伦敦首次举办以来，一直专注扮演着展示未来舞台的角色[①]。

毕竟，1970 年大阪世博会的成功举办着实让日本人难以忘怀。利用超声波实现自动入浴的人类清洗机，居家亦可实现办公及购物的万能电视机等，展会中处处体现着当时的"未来"元素。

尽管现代人习以为常地使用着"未来"一词，但"未来"并非自"过去"存续至今。当然，过去人们也有"明天""后天"的概念，预言家们无时无刻不在尝试着描绘未来，从未停止。不过，现代人口中的"未来"与过去所指的"未来"有着截然不同的含义。本章请跟随我一起来回顾"未来的历史"吧。

● **时代在轮回，还是在进步？**

最近，围绕着未来的讨论盛况空前。

[①] 平野晓臣著：《世博会的历史》，小学馆，2016 年。

　　例如，日本总务省就 21 世纪 30 年代理想未来的设想，提出陆空两用的"飞行汽车"、缓解人手不足的王牌"全自动农村"、日常生活护理的"热心机器人"等若干议案①。

　　诸如此类，现代的"未来"多用于描绘因科技发展而实现的更加美好的社会。

　　然而，古代和中世的"未来"与之不同。归根结底，当时连"进步"概念本身都尚未出现。恐怕生活在过去的人们也未曾想过时代会变得更加美好。他们似乎认为，日子如四季轮回般循环更迭，周而复始。

　　绳纹人似乎世代信奉生命的轮回②，认为人死亡即回归自然，化为自然中的一部分，有朝一日终将重生。他们信奉的价值观与《化为千风》③简直如出一辙。

　　而时至 21 世纪，《化为千风》再度盛行。可见，至少在日本，轮回思想至今依然算不上另类的想法。

　　例如，中岛美雪也在其代表作《时代》中唱道，"时代在轮回"，即使"颓然倒下的旅人"也会"脱胎换骨从头再来"。"时代"在轮回的价值观，与相信未来会更加美好的总务省相去甚远。

　　古代至中世时对未来的描述多以预言形式出现。萨满因能够与异界交流，能够叩问神谕而备受敬重。其"后裔"——日本东北地区的

---

　　① 总务省信息通信审议会编：《掌握未来的科技战略》，中期汇总，2018 年。

　　② 山田康弘著：《绳纹人的生死观》，角川 SOFIA 文库，2018 年。多数研究者认为，在基督教传播以前，循环思想是世界性的普遍观点。

　　③ 出自美国诗歌，作者不详。后经日本创作者翻译成日语。2006 年，歌手秋川雅史演唱的版本大受欢迎，引发热议。

"问米婆"（ITAKO）与冲绳的"神官"[1]（YUTA）活跃至今。

同样，古代人还认为夜里的梦境是预言的显现[2]。早在《日本书纪》中便有以梦境决定王位继承的描写[3]。不仅如此，从平安时代的日记与说话集也可看出，对当时的贵族而言，梦境的地位举足轻重，因为他们认为梦境是神谕的一种。时至今日仍存在"正梦[4]""预言梦"之类的说法，何况在缺乏其他判断材料的时代里，想必人们对梦境深信不疑也是情有可原。

● 圣德太子的未来预想

随着文字的普及，预言也因此得以记录保存，即未来记[5]。

未来记究竟记录着什么内容呢？就结论而言，尽是些现代人眼中无足挂齿的小事。至少像 2017 年"森友·加计学园问题"[6]持续发酵引发全日本混乱、2018 年山手线的新站点命名为"高轮网关"、2020 年新冠疫情席卷全球时政府分发"安倍口罩"等，该类预言一概不在

---

① 传说 ITAKO 大多为盲人女子，她们能让死者依附在自己身上传话，行附身仪式时会演奏梓弓、倭琴等乐器。YUTA 也能让灵魂附身传话，且精通医术。冲绳地区自古以来便有"医者半分，YUTA 半分"的说法。——译者注

② 西乡信纲著：《古代人与梦》，平凡社，1993 年。

③ 因为是关乎存在真实性尚且存疑的崇德天皇的描述，该逸事纯属虚构的可能性较高。

④ 梦境内容与未来一致的梦。与之相对，逆梦是与未来相反的梦。——译者注

⑤ 未来记相关内容主要参考小峰和明著：《中世日本的预言书》，岩波新书，2007 年。

⑥ 森友学园问题与加计学园问题的统称。——译者注

记录范围内。

在未来记中，《野马台诗》赫赫有名。传说该预言诗是由生于5世纪的中国南北朝时期预言家①所作，但实情尚且不明。仅在8世纪末的一篇文献中发现有其正文的相关记载，想必其诞生及传入日本是在更早之前吧②。

《野马台诗》的正文是以"东海姬氏国，百世代天工"开篇的五言二十四句诗。据说其中比喻甚多，即使专家也难以解读。曾经统治稳定的国家爆发了"下克上"③的忤逆之事，王族就此覆灭，全国战乱四起。最终"茫茫遂为空"，世界被夷为平地。开篇处的"东海姬氏国"多被解释为日本。"百王流毕竭"（王位的更迭终于就此结束）也被视为终末思想④，即日本历经百代天皇后终将灭亡的依据。

平心而论，《野马台诗》作为预言，实在过于粗糙。仅放眼日本列岛，国家诞生灭亡、内乱四起的历史已周而复始多次上演。

然而《野马台诗》的内容又具有普遍性，大概正因如此才长期受到追捧。人们甚至相信15世纪爆发的应仁之乱也是《野马台诗》中预言的印证。

---

① 传说《野马台诗》为中国南北朝时南朝梁代僧人宝志所作。宝志和尚又称"志公"，即中国民间故事中济公活佛的原型之一。——译者注

② 在镰仓时代末期完成的《延历寺护国缘起》中，《野马台诗》作为"延历九年注"被引用。延历九年即公元790年，即平安京迁都前不久。"延历九年注"的全文未能完整留存。

③ 即下级取代上级的现象。《野马台诗》中"黄鸡代人食，黑鼠餐牛肠"两句具有浓厚的"下克上"色彩，意为"黄鸡吃了人类的食物，黑鼠啃食了牛肠"。传说黄鸡指代生于酉年，曾自称"新皇"的平将门；黑鼠指代生于子年平安时代末期，独揽大权的平清盛。——译者注

④ 该思想认为历史终有完结，与基督教的"末世论"相似。——译者注

圣德太子的未来记同样家喻户晓。虽然圣德太子的存在本身也受到质疑[①]，但据说他留下了未来记。

例如，在镰仓时代完结的说话集《古事谈》中，记载着1054年于圣德太子墓旁发现存放未来记箱子的逸事。从此，有关圣德太子未来记的内容便接二连三地被发现。

只是内容五花八门，比如天降猿猴等，各种版本层出不穷。但基本上不过是以追记现实发生的事件，发现过去的未来记。

令人惊讶的是，时至21世纪，依然有人相信圣德太子未来记的存在[②]。不过，事实上该书作者并未亲手拿到未来记真迹，所谓存在的依据也仅出自"四天王寺的重要相关人士T教授"的发言。

《日本书纪》记载着圣德太子能够预知未来，因此而诞生了不胜枚举的未来记。想必只要圣德太子名声依旧，日后肯定会"发现"更多奇妙的未来记吧。

● 平安贵族也恐惧的世界毁灭

流行于古代至中世的未来记与原始的轮回思想存在一大区别，即未来记多立足于"未来每况愈下"的观点。

平安时代，贵族之间流行着一种名为末法思想的终末观[③]。传说1052年，佛教衰落，世界将坠入人间炼狱的末法时代。

---

① 圣德太子生于574年，政治家，推古天皇时期作为摄政者活跃一时。也有学者对其人真实存在与否提出质疑。

② 中山市朗著：《圣德太子的未来记与"光明会"》，学研PULS，2017年。

③ 川尻秋生著：《动荡的贵族社会》，小学馆，2008年。

当时的人们相信，释迦牟尼入灭①后，将首先迎来1000年的正法（释迦牟尼正法流传的时代），紧随其后的1000年为像法（仅仿其形不得其神之人增多的时代），再接下来便是末法②。此后，佛教衰落，世间一片混乱。

他们坚信1052年将开启末法时代。而实际上，10—11世纪，贵族社会也着实动荡不安过一段。列岛各地武装政变频发，干旱、饥荒、大地震、火山喷发等灾害更令民众苦不堪言。贵族们恐惧末法的同时，纷纷皈依了相信死后可以去往极乐净土的净土教。

甚至连留下传世和歌"此世即吾世，满月圆无缺"，独占权力鳌头的藤原道长③也是净土教的信徒④。

该狂傲和歌完成的次年，即1019年，道长剃度出家。饱受旧疾折磨的他兴建起一座再现人间极乐净土的巨大寺院——法成寺。

道长的后事恰逢"末法降临"的1052年。次年，道长长子兴建起平等院凤凰堂⑤。该著名建筑如今刻印在流通的10日元硬币正面，被

---

① 入灭，佛教用语，指僧人去世。——译者注

② 当时的贵族应该不曾想象过，21世纪的释迦牟尼（佛祖）会在廉价公寓中迎来与耶稣基督共同生活的未来吧。详见中村光著：《圣哥传》，讲谈社。

③ 日本平安时代权臣。他将自己三位女儿立为皇后，掌握极大的权势。——译者注

④ 道长发布该和歌前辩白"虽是首自夸的和歌，但并非事先准备"，大概是感到有些不好意思吧。顺便一提，和歌发布次日，道长感叹自己视力低下，实际是否真的能看到满月仍有待商榷。详见仓本一宏编：《小右记（现代语译）》，9卷，吉川弘文馆，2019年。

⑤ 当时称阿弥陀堂，据说起初是直接建在沙洲或池塘之上的。

视为现世的极乐净土^①。

就这样，平安贵族在"未来每况愈下"的预言中惶惶度日。也正因如此，他们才渴望获得救赎，兴建富丽堂皇的寺院。

无独有偶，中世纪欧洲的人们似乎也不认为世间会变得更加美好。他们坚信自己活在"最后的时代"，并将就此迎来世界的终结。

● 顾客与艺妓皆为老年人？江户时代的未来预测

进入江户时代，出版业蓬勃发展，百姓也可以轻松入手未来记。不过，未来记不再如古代与中世般被狂热信仰以至影响政治，似乎已经沦为休闲读物。

与此同时，幽默式未来记的出现最具有代表性。以《野马台诗》为蓝本，《野暮^②台诗》《野蛮台诗》《屁暮台诗》等恶搞作品接连登场，大概是人们已经能够客观看待未来记的表现。

其中颇耐人寻味的是 1781 年出版的《无益委记》。虽说该作品是圣德太子未来记的恶搞版，但实际是预测未来的"黄表纸"而已。

里面尽是些无聊的预测，诸如年轻男子的丁髷^③会变得如刀刃般锋利，为了赶时髦，鲣鱼会在 12 月份出售。不过也有个别未卜先知的

---

① 顺便一提，凤凰堂留存至今，而法成寺于镰仓时代湮灭，如今只残存一处小石标。

② "野暮台诗"意为"庸俗台诗"。"野暮"与"野马"日文发音相似。——译者注

③ 江户时代男子的一种发型，也称"本多髷"。头顶剃光，后脑勺处留着一股发髻，因发髻形似"丁"字而得名。——译者注

描写，诸如社会老龄化日益严重，顾客与艺妓皆为老年人等，仿佛预见了今天日本的老龄化社会。

不过，谈论未来的盛行毕竟是在明治维新以后，随着西方文化的传入才开始的。

值得称道的是，此前鲜有耳闻的"光明未来"，终于开始为人所津津乐道。如此想来，《野马台诗》是世界将会终结的预言，其相关恶搞作品《无益委记》①也在为文化衰退而悲叹。两者均为黑暗未来的预测。

原本明治时代以后社会理应越来越好的社会改良思想，也是直至江户时代才得以摆脱"谋反"罪名从天而降的风险。因为至少在名义上，合理地重复"正统"，政治才能稳定，先例比什么都重要②。

● 乌托邦存在于未来

在"光明未来"观念尚未普及的中世纪欧洲，人们认为"光明之物"，即乌托邦，一直存在于"世界的某处"③。

例如，托马斯·莫尔的小说《乌托邦》是以新大陆上一座月牙形岛屿为舞台，《亚瑟王》中的主人公也于英国某处传说之岛——阿瓦隆之上迎来了生命的最后一刻④。

---

① 恋川春町著：《无益委记》，1781 年。可通过日本国立国会图书馆电子图书库阅读。

② 长山靖生著：《令人怀念的未来》，中央公论新社，2001 年。

③ 川端香男里著：《乌托邦的幻想》，讲谈社学术文库，1993 年。

④ 关于乌托邦此刻仍存在于某处的想法，日本也有类似的。如《日本书纪》所收录的浦岛物语中记载着主人公前往海对岸的蓬莱山而邂逅仙人。

不过，人们心中乌托邦的所在已逐渐从"世界的某处"转变为"未来的某处"。

原因之一是，大航海时代与大探险时代使人们恍然大悟，乌托邦[①]不过是海市蜃楼，不存在于地球上的任何地方。

不仅如此，铁炮等足以撼动身份制度的发明与泥沼般的宗教战争，使人们不再单纯地信仰神。在那样的时代背景下，进步思想已然诞生。只有信仰理性，排除不合理之物，社会才能变得更好。

进步思想与科学相辅相成。事实上，19世纪末至20世纪初，科学使人们的生活发生了翻天覆地的变化。电话的发明（1876年）、结核杆菌的发现（1882年）、莱特兄弟的成功试飞（1903年）、汽车量产的开始（1913年）等，一场场科技革命争先恐后地上演。

欧美国家基于科学将无限发展的设想[②]，提出了千奇百怪的未来预测。例如，茶壶形状的蒸汽汽车、空中飞车、水下旅馆、国际视频电话、手机股票买卖等。

未来预测实在多如牛毛，如国际视频电话般预言成真的案例也不胜枚举。不过，正如人们预测书信的通信方式将被寄送录音所替代，未来也受时代想象力所束缚。

[①]　如此想来，即使到了21世纪，日本仍在继续寻觅不丹、北欧之类的乌托邦所在地，令人感叹。

[②]　安德鲁·瓦特、长山靖生著：《他们梦中的2000年》，新潮社，1999年。

19 世纪末一家德国巧克力厂设想的 2000 年的世界

明治维新以后，日本的科学未来预测也逐渐取代了未来记。特别是在引入以 100 年为单位划分时代的"世纪"概念后，20 世纪初曾出现了预测 21 世纪的热潮。

1901 年，以"20 世纪预言"而闻名的《报知新闻》登载出 23 项可能会在 20 世纪实现的预测。2005 年，文部科学省在白皮书中对其进行了严谨的核实，在这 23 项预测中，写真电话（视频电话）、七日环球旅行（飞机产业发达）、寒暑无差（空调）、远距离写真（电视）等 12 项内容已经成为现实[1]。

其中不乏人与动物无障碍交流、蚊子与跳蚤灭绝、幼儿园消失等尚未实现的预测。但就整体而言，预言准确率不算低。想必是因为这些诞生于科学想象力的预测，与中世的未来记有着本质的区别。比如，电话已于 1876 年问世，那么它能同时传送照片的预测便绝非无稽之谈。

● 人类的不安源自科学的发展？

话虽如此，科学并非只许诺给人们一个光明的未来。夏目漱石从 1912 年开始连载的小说主人公说了这样一番话[2]："人类的不安源自科学的发展。不断前进且不知停歇的科学，从不容许我们止步不前。"随着社会节奏日益加快，"既不知晓科学要带我们去往何方，亦不让人停歇片刻，实在恐怖"。

对此，身为主人公的"我"也感同身受："这的确恐怖。"

然而，正如淘汰那些"忐忑不安"之人一般，科学大刀阔斧地改

---

① 文部科学省编：《科学技术白皮书》，2005 年。

② 夏目漱石著：《行人》，新潮文库，1952 年。1912—1913 年连载于《朝日新闻》。

造着社会。至少在回顾 20 世纪的历史时，科学的影响力不容忽视。电灯、收音机、电视机、洗衣机、自行车等科学的产物，使人们的生活方式焕然一新。

尽管同为科学产物的 B–29 轰炸机与原子弹等曾使日本遭遇毁灭性打击，日本人也并未因此排斥科学。

人们大力呼吁和平利用核能。1957 年，在东海村开展核反应堆临界实验开始之日，《朝日新闻》满怀喜悦之情刊载了《核能之火首次在日本点燃》[①]的新闻报道。1963 年，核动力实验反应堆实现了首次发电的新闻报道，也采用了委婉的表达方式，即"核能电灯温暖地闪烁着"[②]。

核能是能够创造美好未来的科技。当时的杂志列举了核能列车、核能飞机、家用核能反应堆等一旦出现差错便会酿成悲惨"未来"的产物[③]。1963 年上映的动漫电影《铁臂阿童木》，在初期设定以核能作为阿童木的动力源。其主题曲中"啦啦啦，科学之子"的歌词，可以对当时人们朴素的科学观略窥一二，颇具趣味性[④]。

儿童杂志上也到处弥漫着"光明未来"的意味[⑤]。街道上，空中飞行汽车来去匆匆，东京湾建起人工都市，宇宙旅行也成了家常便饭。将诸如此类"光明的未来"荟萃一堂的，正是 1970 年的大阪世博会。

[①] 社论《夜以继日挥洒着不为人知的汗水，多名相关人士的努力终于迎来了回报》，当时核能发电的危险性尚未引起关注。详见《朝日新闻》1957 年 8 月 27 日朝刊。

[②] 《朝日新闻》1963 年 10 月 27 日朝刊。为了纪念首次发电，日本将 10 月 26 日设为核能日。

[③] 早川忠典著：《核电乌托邦日本》，合同出版，2014 年。

[④] 《铁臂阿童木》主题曲，谷川俊太郎作词。

[⑤] 堀江 AKIKO 著：《昭和少年 SF 大图鉴》，河出书房新社，2009 年。

● 时代束缚未来

至此，我们回顾了"未来的历史"，深感"未来"受其所处时代的束缚。在古代至中世，预测互联网和摩天大楼之类的未来记全然无迹可寻。

不仅如此，就连仅半个世纪前的"未来"，也浓墨重彩地反映出了所处时代的情况。

20 世纪 50 年代至 70 年代，日本人充分享受着工业化所带来的丰饶生活。该时期，自行车普及，电视机走进千家万户，飞机也日趋平民化。当时的未来预测，大都展望着汽车、机器人等工业产品精进不休的未来。

事实上，21 世纪的人们也依旧被工业化社会的"未来"束缚着。如 2015 年 NHK 播出的一档名为《NEXT WORLD》的节目，介绍了诸如在东京湾以高达 1600 米的摩天大楼为中心兴建起一座海上都市等内容，仿佛刊登于昭和时代儿童杂志上的未来之物①。

本章开篇介绍的正是总务省提出的工业化社会未来设想。经济产业省也于 2018 年召开了以实现空中飞车为目标的官民会议②。

尽管省厅提出关于未来的陈词滥调总是让人瞠目结舌，但实际也存在国家官员对未来进行的合理预测。

比如，原通商产业省官员堺屋太一的著作《团块世代》③。这部

————————

① NHK 特辑"NEXT WORLD"制作组编：《NEXT WORLD》，NHK 出版，2015 年。

② 经济产业省编：《空中移动革命官民协议会》，2018 年。该书说，若空中飞车得以普及，会导致空中交通堵塞；为取缔违法航空，还会助长退休警察施展权势的气焰。貌似百害而无一利。

③ 堺屋太一著：《团块世代（新版）》，文春文库，2005 年。该书最早连载于 1976 年。

创作于 1976 年的近未来小说，精准地预言了即将到来的老龄化社会与"银色民主"浪潮 ①，并非从技术角度出发，而是综合了人口动态、社会保障与财政的观点来考量日本的未来 ②。

如今，遍布大街小巷的未来预测 ③ 大多在该视角上有所欠缺。若倾尽举国之财，海上城市也好，空中飞车也罢，大概皆可实现。然而，任何社会都存在于财政、伦理等多种制约之中。技术上存在可行性并不等同于社会层面可行。

例如 21 世纪初，虽然日本的宽带技术曾世界领先，但网飞公司（Netflix）反而诞生于网络技术后进国美国。即使 5G 技术已经普及，也并不意味着等同于划时代的革命 ④。

如今，技术可以轻松跨越国境。近 10 年兴起的智能手机等技术皆是突然从海外蜂拥而至的"未来"。那么，日本研发的专属"未来"，有朝一日会席卷全世界吗？

尽管众多经济人士将大阪世博会视为契机，但未来形势仍十分严峻。

---

① 少子老龄化导致选民的平均年龄趋于老龄化，选举人宣传利于老年群体的政策来获得更多选票。财政支出将向有利于老年人的方向倾斜，对处于劳动年龄段的人群不利。

② 堺屋太一也是大阪世博会的中心人物之一。然而，万事皆试图通过世博会解决的想法与信息化社会水火不容，结果上演了一场奇妙的"互联网博览会"。

③ 河合雅司的畅销书《未来的年表》（讲谈社现代新书，2017 年）是罕见的关注人口动态的未来预测，只是内容悲观过度。

④ 日本有逮捕金子勇等优秀程序员（最高裁判所判其无罪）、倾举国之力将技术革命萌芽扼杀于襁褓中的"前科"。

第十三章
战争与和平的日本史

人类是何时吹响战争号角的？该谜题至今仍未解开。在古代，人类生活是经营着乌托邦般的和平生活，还是在血流成河的战争中日复一日呢？战争是人类的本能吗？研究者们各持己见，观点截然相反。

近来流行人类在农耕社会形成以前就已经对战争习以为常[1]的说法。的确，研究者在5万年前的尼安德特人遗骨上，发现了胸口残留着的被敌人刺伤的痕迹。时光流转到距今大约3万至1万年前，似乎在世界各地的墓地中会找寻到负伤的遗骨。

然而，发现的证据十分有限。于是，研究者们为了想象往昔，将焦点聚集在现代狩猎采集者身上。原因在于，据推测，他们的生活与进入文明社会以前的人类存在着较多共通点。

据某项研究显示，狩猎采集型社会实际上90%的纷争伴随着暴力，几乎所有部落都会以两年一次的频率爆发部落间战争。顺带一提，黑猩猩群体也会发生战争，战争死亡率似乎与人类部族社会不相上下[2]。

但是，断言战争是人类的本能，还为时尚早。

---

[1] 阿扎尔·盖特著：《文明与战争》，中央公社新论，2012年。

[2] 贾雷德·戴蒙德著：《昨日之前的世界》，日本经济新闻出版社，2013年。

假设即使多数人类天生具有攻击性，想必该特性触发在很大程度上取决于环境。仅数十人生活的水与食物皆丰盈的广袤大地，与数千人摩肩接踵地生活的沙漠般荒芜地区，毋庸置疑，后者应该更容易爆发战争。

这一点，从日本的研究中也可以推测出来。

● 和平的绳纹时代，危险的弥生时代

山口大学与冈山大学的共同研究显示，日本绳纹时代因暴力而死亡的人数约有 1.8%，在战争是人类的本能观点上掀起轩然大波[1]。后来，另一团队调查了日本列岛上 242 处遗址中共计 2582 具人骨，发现其中看似存在暴力伤的人骨不过 23 具。

对现代人来说，暴力致死率高达 1.8% 绝对是骇人听闻的。比如，2019 年的日本，死于他杀的人数为 293 人[2]。相比同年大约 136 万的死亡总人数，可以计算出他杀死亡比例仅占 0.0002%。

尽管如此，1.8% 的数字与其他地区相比也足够 "出类拔萃" 了。据某人类学者推测[3]，在典型部落社会中，每年大约有 0.5% 的人口因战争而命丧黄泉。而在狩猎采集型社会中，男性实际有 15%—60% 会战死沙场。倘若人类一直保持着该死亡率直至 20 世纪落幕，估计会有 20 亿人口战亡。

---

[1] 《日本史前时代的暴力与战争》，冈山大学，2016 年。该研究将绳纹时代定义为公元前 1300 年—公元前 800 年。

[2] 厚生劳动省在《人口动态统计》中推算的人数。

[3] 基里·劳伦斯编：《文明前的战争》，牛津大学出版社，1996 年。

如果说当时的日本算得上和平，大概要归功于人口密度与自然环境两大要因。据推测，绳纹时代人口至多 26 万左右①。如此人口密度，即使想挑起战争，想必也很难遇上其他部落。

归根结底，在自给自足型的社会里发生大规模战争，本就难于上青天。究其原因，人们在附近区域采摘作物，再与其他部落进行物物交换便足以维持生计。或许偶尔也会围绕抢占水和土地资源发生冲突，但通常不会持续太久。

然而，当列岛真正开始种植水稻、进行农耕之时，战争与日俱增。

在那个时代里，像铁这类只能通过远距离贸易来获取的资源开始显现价值。如果梦寐以求的资源是稀缺物品，那么仅凭物物交换是远远不够的。于是，真正的冲突一触即发。

在此意义上，绳纹时代落幕至大和政权诞生期间，整个列岛战争会此消彼长也在情理之中。

一项关于世界各种暴力历史集成研究表明，任何独裁政权都胜过无政府时代②。的确，即使回顾近现代历史，也是在权力崩溃后的混乱期才出现了大量杀戮事件。1991 年的索马里内战便是例证③。

事实上，在大和政权统一以前，近畿中央地区在长达 500 年间暴力冲突此消彼长。他们用环濠将据点围住，在各自的地盘上独立制造并持有武器④。换言之，这虽然引发了短时间内的冲突行为，但并不是胜者为王、败者为寇的决一死战。

---

① 鬼头宏著：《从人口解读日本史》，讲谈社学术文库，2000 年。

② 马修·怀特著：《杀戮的世界史》，早川书房，2013 年。

③ 据马修·怀特推算，索马里内战中牺牲人数大约有 50 万—100 万人。

④ 松木武彦著：《日本列岛战争与初期国家形成》，东京大学出版会，2007 年。

　　然而，渐渐地，部落间形成了支配与从属关系。随着其规模日益扩大，环濠聚落退出了历史舞台，武器也变得鲜少使用。至此，部落混战时代宣告结束，少数权贵垄断武力的时代正式开启。

　　人们获得了某种程度上的和平，而代价是身份差距越发悬殊。日本列岛上各地兴建起的巨大古坟便是其象征之一。当时政权投入的大量劳动力并非用于军事目的，而是将其用于自身权威的树立上。

● 战争少到令人惊讶的古代日本

　　虽说列岛的统一进展顺利，但和平时代绝非一蹴而就到来。4 世纪末至 5 世纪，以及 7 世纪后半期，古代日本曾多次举兵侵略朝鲜。

　　不仅如此，卑弥呼死后发生的倭国大乱、大和政权在列岛统一过程中引发的战争、围绕天皇家衣钵继承展开的壬申之乱、对居住在日本东北地区的虾夷人发起的三十八年战争等，列岛上战争接连不断。

　　不过，日本不认可易姓革命，天皇的统治一脉相承。不仅如此，拥有武装力量、脱离皇族的源氏与平氏[①]等氏族，就连武力也是通过世袭而继承的。因此，虽然存在称得上"乱"的骚动，但并没有真正发生以扳倒当时的国家和天皇，以建立全新国家为目标的战争。

　　此外，即便发生叛乱，掌权者对战败者的处置方式也较为温和。比如，即使是史称日本古代最大内乱的壬申之乱，也仅有 8 人被处以

---

　　①　源氏与平氏均为因天皇子嗣过多、抚养负担过重时，赐姓臣籍降下，脱离皇族自食其力而形成的两大武家。两氏虽然同源，但血缘疏异。源氏之中最有势力的是清河源氏，即清河天皇的后裔，源义经、源赖朝、足利氏都出自清河源氏；平氏之中最有名的是桓武平氏，即桓武天皇的后裔，平将门、平清盛都属于这一支。——译者注

极刑，剩余参与者几乎都只被判了轻罪。

● "强大日本"的诞生与终结

另一方面，对以建设天皇中心"强国"为目标的大和政权来说，"对外战争"无疑扮演着推行该目标政策的"正当化依据"[1]。7世纪后半叶的日本经过了朝鲜半岛武力冲突，受到来自半岛或者大陆的进攻风险并非为零。

当时，古代日本在完善户籍制度的基础上，实行了征兵制[2]。征兵制重点在于户籍与征兵皆由中央主导。此前，地方政权也自行从当地居民中征兵，为方便起见或许也存在类似的户籍制度，但大和政府试图建立起如有需要，可随时与他国作战的中央集权强国。

事实上，当时东北亚局势日趋稳定，是否真的有必要建立中央集权强国仍有待商榷[3]。特别是676年朝鲜半岛统治权之战落下帷幕，很难想象日本面临着迫在眉睫的风险。

即使以建设强国为理由，考虑到日本当时的情况，也着实不合时宜。民众惨遭无妄之灾，不仅被战争夺去了劳动力，还需背负沉重的

---

① 仓本一宏著：《战争的日本古代史》，讲谈社现代新书，2017年。

② 国家利用法律形式规定公民在一定的年龄段内服一定期限的兵役，带有强制性。——译者注

③ 当时，东北亚局势动荡不安。建立同盟关系的唐与新罗分别于660年和668年携手消灭了百济与高句丽。日本（倭国）以"复兴百济"为借口加入了与唐、新罗联军展开的战争，633年于白村江之战中败北。此后，唐与新罗因朝鲜半岛的统治权而决裂，爆发了从670年持续至676年的唐与新罗之战。最终，唐从朝鲜半岛撤军。在日本发展军事国家化的7世纪后半叶，东北亚局势趋于稳定。

赋税。

逞强必然不是长久之计。除了民众，掌权者也意识到征兵制的弊病。

到了8世纪后半叶，征兵制已然被视为"社会的负担"。各地军队实力羸弱，就连步兵的战斗力也不尽人意。加之服役期间税务免除，士兵既不纳税也不生产。"如此征兵制是否真的不可或缺"等问题渐渐浮出水面。

最终，大和政权决定废除征兵制，除驻守要地的军队，均被解散①。就这样，日本军队制度发生了转变。从聚集羸弱的民众进行操练，转变为灵活招募擅长箭术与马术的专业兵士②。

若想习得骑马射箭等武力，花费的工夫必不可少。埋头苦干农活的人根本不敢奢望还能有足够的时间练习。

结果，富裕的农民等有闲的普通人得到了在军队里大展拳脚的机会。对他们而言，入伍毋庸置疑是出人头地的首选。其中也不乏投靠到皇族及贵族子孙们麾下结成共同体的，这也被视为武士的起源③。简而言之，即有身份的乡下豪强。

---

① 现代依然将军事技术高度化、专业化视为征兵制无用论的依据。将外行培养成专家，在任何时代都不是件容易的事。

② 又称健儿制，类似现代募兵制。应募入伍的士兵被称为健儿。不过没经过多久，这些健儿也变得有名无实了。——译者注

③ 桃崎有一郎著：《解开武士的起源之谜》，筑摩新书，2018年。书中提到，武士起源于被王公贵族子孙纳入麾下的郡司富豪阶层的有闲弓骑，及军人辈出的氏族势力。如今多数学者认为地方农民为守住自己的土地与财产，全族武装成为武士的观点错误。

● "神风"没有显灵

就这样，武士大显身手的中世正式拉开序幕。不过他们并没有长年累月忙于应战，其中也存在数十年不曾发生大规模战争的时期。

中世时期的危险大概不在于教科书上记录的内战，反而是在日常生活中。与武力受国家垄断的江户时代和现代不同，在中世，任何身份的人都可能发起武装起义。

不仅如此，当时多种法律与旧习并存，并不存在唯一的正义。据记载，列岛上粗暴的打斗与杀人事件屡见不鲜。特别是京都的大路、小路，市街上危机四伏，即使萍水相逢也可能会互相残杀[1]。

在中世，尽管掌权者的更迭之战屡次三番地上演，但规模却算不上大。就连赫赫有名的关原合战，也仅用6—8小时便决出了胜负。

对外战争的次数也算不上多。古代、中世的日本跨海主动作战仅有三次[2]。

13世纪后半叶，元朝两次东征日本，双方于九州开战[3]。所谓"蒙古袭来"，起因于日本拒绝向元朝臣服[4]。彼时正好台风过境，敌船沉没，该战争也成为后世"神风"信仰膨胀的契机。

第一回合战争中，300艘大船与600只短艇驶向日本[5]，船只出港

---

① 清水克行著：《各打五十大板的由来》，讲谈社，2006年。据书中记载，在正义与邪恶并存的时代里，中世人重视折中的平衡感。

② 指5世纪的高句丽之战、7世纪的白村江之战以及16世纪的丰臣秀吉出兵朝鲜。

③ 指1274年的文永之役与1281年的弘安之役。

④ 吴座勇一著：《战争的日本中世史》，新潮选书，2014年。

⑤ 战争获胜全靠神明庇佑的想法在不曾亲自上阵的贵族与僧侣中口口相传。详见服部英雄著：《蒙古袭来与神风》，中公新书，2017年。

时搭载着数万兵士。然而，九州武士顽强抵抗，元军节节败退。当时恰逢台风暴雨，但并未对战争的胜负产生决定性影响。

忽必烈没有就此放弃，在第一回合战争结束 7 年后，派出更大规模的军队出征日本。此次战争中再次遭遇台风，元军损失惨重。不过战争亲历者并无人称台风为"神力"。究其原因，想必是台风过境后战争又卷土重来，且日本方也受到了重创吧[①]。

最终，元朝撤军。此后，日本虽然历经了南北朝内乱[②]和战国时代内战，但不曾再次遭到海外的征伐，在江户时代长达 260 年的时光里倒戈干戈。

综上所述，放眼世界都算得上鲜少经历战争的日本，在明治时代后发生了翻天覆地的变化。

● **异乎寻常的日本帝国时代**

步入日本帝国时代的日本，不仅入侵了朝鲜半岛，还将势力范围向中国等亚洲诸国扩大。

1873 年，明治政府再度启用古代曾实行的征兵制，但刚开始时仍有兵役免除规定残存，真正成为士兵的人数不超过符合条件人数的3.5%[③]。连中日甲午战争时期和明治末期至昭和初期，征兵率也仅为5% 和 20% 左右。

---

① 据《高丽史》记载，实为战舰 3500 艘，元军 10 余万的庞大队伍。当然，不同资料对军队规模的记载存在诸多不同。

② 从镰仓幕府统治到室町幕府统治的过渡期。当时的两位天皇，分别统治日本的南部和北部。——译者注

③ 加藤阳子著：《征兵制与近代日本》，吉川弘文馆，1996 年。

对当时的日本民众而言，战争并非一无是处，至少在战争初期会促进经济繁荣发展。当时，海水浴与国内旅行风靡一时，发战争财的人也赚得盆满钵满。人们认为，只要能一直打胜仗，战争就能推动社会蒸蒸日上[①]。你可以想象普通人听到捷报时的样子，像极了人们看世界杯时的疯狂。

然而代价是巨大的。实力日益膨胀的日本帝国发动了与美国之间的战争，最终一败涂地。

三岛由纪夫在其自传小说中，对自己在战争末期被动员去飞机制造厂工作的事描述如下："我从未见过如此不可思议的工厂。现代的科学技术、现代的管理方式、众多优秀头脑精密合理的思维，统统献给了一样东西——死亡。"[②]

那家专为特攻队生产战斗机的工厂追求现代科技，却被利用在特攻队这一极度不合理的制度中，矛盾至极。这或许称为"国民国家"的乱用也毫不为过。

当时，日本大约有 260 万人死亡。即使放眼世界，第二次世界大战造成的伤害也很触目惊心。士兵 2000 万人，民众 4600 万人，至少6600 万人命丧黄泉，可谓人类史上死亡人数最多的事件[③]。

综观日本历史长河，长达约 60 年的日本帝国时代无疑是异常的。自古代以来，日本列岛也曾多次经历苦战。但是整个国家被卷入其中，乃至跨海作战的大规模战争却闻所未闻。

也可以说正是"国民国家"体制"奏效"的结果，战后，日本将该"国民国家"体制成功应用于经济发展中。于是，对外战争自不必

---

① NHK 取材组编：《日本人为何选择战争》，NHK 出版，2011 年。

② 三岛由纪夫著：《假面的告白》，新潮文库，1950 年。

③ 数据引自马修·怀特著：《杀戮的世界史》，早川书房，2013 年。

说，内部混战也不见踪影的和平时代终于到来。

● 在和平中落幕的平成时代

日本《宪法》第九条明文规定"放弃发动战争的权利"。区区约130字的条文，却在战后日本引发了无尽争论。

那么，为何会诞生《宪法》第九条呢？1945年，日本战败，应驻日盟军总司令的要求推行民主化。当时的政治家们似乎并未另起炉灶制定新《宪法》，而是试图通过《日本帝国宪法》的"解释修宪"[①]来蒙混过关。[②]

不过，面对严峻的国际舆论形势，维持天皇制成为他们共同的目标。作为维持天皇制的"交换条件"，《宪法》第九条中"放弃发动战争的权利"应运而生。

尽管战争刚结束时，废除天皇制论闹得沸沸扬扬，但在2010年进行的民意调查中，有85%的受访者认为"天皇尽到了他的职责"[③]，希望废除天皇制的人数比例仅为8%。有关今后的天皇制，有82%的受访者认为日后天皇制"像如今这样作为象征即可"。

在《日本帝国宪法》时代曾经作为战争国家象征的天皇，战后竟然成为和平国家的象征！2018年12月23日，在平成即将落幕的天皇诞生日，公开了天皇陛下记者见面会的情形。会上，平成天皇发言如下：

---

① 不修改宪法的明文规定，只在可行范围内改变条款的释义。——译者注

② 细谷雄一著：《战后史的解放Ⅱ 何为自主独立》，新潮选书，2018年。

③ 加藤元宣著：《平成的皇室观》，《广播研究与调查》，2010年。

我们不应忘记二战中逝去的无数生命，也不应忘记我国战后的和平与繁荣是建立在大量的牺牲及国民的不懈努力之上，将这段历史正确传递给战后一代至关重要。对于平成将作为没有战争的时代迎来落幕，我由衷地感到安心。

● 和平已经到来，但战争不会离开

尽管平成时代依然存在海湾战争、伊拉克战争等日本涉足的战争，但与昭和时代相比，毋庸置疑是和平的时代。虽然也发生过惨绝人寰的恐怖袭击与大型灾难，但死亡人数与第二次世界大战完全不可相提并论。

这样的和平能维持到什么时候呢？ 2018 年日本与韩国间的雷达照射问题[1]、朝鲜的军备扩充问题等，关于东亚的局势，没人有十足的把握敢拍着胸脯保证和平。

● 未来战争何去何从？

过去曾经存在通过领土扩张实现国家利益的时代，因为当时人口增长、获取资源被视为国家繁荣的象征。然而，现代国家梦寐以求的利益更多在别处。

例如，打压华为的行为也体现了对下一代移动通信标准 5G 的争夺之争。尽管这场争夺无异于过去的战争，却不是靠军事力量就能赢

---

① 日本防卫省指责韩国驱逐舰的火控雷达照射日本海上自卫队巡逻机，事件发酵期间日韩双方互相指责，僵持不下。——译者注

的战争。

比起发动战争，美国这种残害本国及他国民众，致使经济衰退，巧妙提升本国服务使用者人数，从其他诸国获取数据的做法更直接与国家利益相关。因此，可以说没有一个发达国家真正想要发起武装战争。

日韩之间的雷达照射问题也是如此，韩国之所以能保持强势态度，是因为对他们而言，日本的重要性有所下降。20 世纪 60 年代后半期，日本大约仅占韩国对外贸易额的四成，到了 21 世纪，又下降了一成。相比之下，最近中国所占韩国对外贸易额提升至 1/4。想必这才是韩国对日本强硬的最大理由 [1]。

暴力的确正逐渐从当今世界淡出。尽管如今新闻中仍有纷争惨案与恐怖袭击的相关报道，但若只考虑卷入战争或杀人事件的概率，现代人无疑生活在有史以来最和平的时代。

---

[1] 木村干著：《关于日韩历史认识问题》，千仓书房，2020 年。

第十四章
描述历史的日本史

————————•••————✦————•••————————

历史该如何讲述？对历史产生兴趣时，该读什么样的书？

解答这一问题难如登天。相较而言，还是解答"中央地沟带①"更让人信手拈来。先是从"Blue Backs"系列书籍中②入手一册，再以参考文献为线索，深入阅读即可③。

然而，历史浩如烟海，且与思想观念紧密相连。尽管对"中央地沟带"的理解也是众口不一，但恐怕仍不能与历史理解比肩。究其原因，想必是因为那不仅存在学术上的对立观点，还受政治与外交等因素影响。

● **描述历史难于上青天**

关于"应该如何描述历史"，研究者们自古以来众说纷纭。曾经也有历史学家认为描述"本真的历史"至关重要。换言之，该描述的

————————————

① 中央地沟带又称"中央地堑带""大地沟带"，是一条横断日本本州中部的断层地沟带，呈东北－西南走向。——译者注

② 日本综合性出版社讲谈社旗下的科普系列著作，"Blue Backs"这一名字来源于苏联宇航员加加林的发言，"地球是蓝色的"。——译者注

③ 藤冈换太郎著：《中央地沟带》，讲谈社，2018 年。这是一本低调的畅销书。

不是"理应如此的历史",而是"真实的历史"①。

比起满是偏见的历史,描述"本真的历史"自然更胜一筹。或许你觉得这本是天经地义的。

然而,真的可以描述出"本真的历史"吗?即使是历史学家,也会受到时代与语言等多种价值体系的束缚。日本历史学家描述的历史往往以日本为中心,要如实描述世界各地发生的所有事件,恐怕更是难上加难。

结果,有人开始提出描述"完全正确的历史",那简直是天方夜谭。

时至今日,《为历史学辩护》仍被频频提及②。书中写道,历史学家能够做到对历史进行"理解"、"分类"与"说明"。若用拼图游戏来打比方,即重要的不是研究每一块拼片的历史片段,而是把拼片组合起来"说明"历史。

描述"本真的历史"究竟有多困难,试想一下第二次世界大战便可略知一二。身为战胜国的美国将那场战争视为光辉岁月,沦为战败国的日本在"加害者"与"被害者"两种意识的交织杂糅中,度过了战后 70 多年的漫长时光。

想必没有人会怀疑中日双方在 20 世纪中叶的战争存在。然而,日本国内的左翼右翼仍会因立场的不同,拥有完全不同的讲述历史的方式。

日韩双方对于战争中发生事件的解释,同样是针锋相对。

21 世纪,专家们也开展过日韩历史共同研究,但该项目不幸夭

---

① "历史的本真面貌"这一观点出自生于 18 世纪的历史学家利奥波德·冯·兰克。他批判黑格尔的唯心论与进步主义(18—19 世纪流行于美国的思想,提倡真正进步、改变现存的不合理),注重每一历史事件的个性与特殊性。

② 马克·布洛赫著:《为历史学辩护(新版)》,岩波书店,2004 年。该书初版发行于 1949 年。

折。另外，还组建了推进中、日、韩三国共同编撰历史教科书的团队，然而现阶段仍不过是一部分人自愿参加的小规模研究课题[1]。

● 战前：绳纹时代子虚乌有

那么，如果对象是利益相关者已全然灰飞烟灭的远古历史，应该可以进行"本真"的描述了吧。实际上，这仍然不是件容易的事，似乎连绳纹时期的历史研究都会深受时代影响。

绳纹时代始于大约 1.6 万年前，终于 3000 年前[2]。毫无疑问，当时的人们早已随风而逝。尽管如此，"绳纹像"还是随着时代的变换不断更迭[3]。

原本战前的日本史并不重视绳纹与弥生的区别，将两者统称为"石器时代"[4]。

到了战后，从单纯依赖狩猎采集的匮乏的绳纹时代，发展为由大陆的新文化和水稻栽培技术催生的充裕的弥生时代之历史观蔓延。该观点大概与二战战败后欧美文化传入，生活日益富裕的日本社会实态

---

[1]　中、日、韩三国共通历史教材委员会目前已出版《东亚三国的近现代史》与《超越国境的东亚近现代史》。

[2]　严格来说，在设定时代的开始与结束时间中，也隐含着主张者的立场与偏见。本书在划分上，主张陶器文化的出现伴随着绳纹时代的开始，水稻栽培伴随着接下来的弥生时代的开始。

[3]　山田康弘著：《被创造的绳纹时代》，新潮选书，2015 年。该书从社会历史学的角度对绳纹时代进行了考察。

[4]　虽然也曾有人从陶器的特征上区分绳纹式文化与弥生式文化，但将其积极用于时代划分是在 20 世纪 60 年代后。发展阶段说的影响在学术上不容忽视。

不谋而合。

20世纪70年代，随着超自然文化的流行，遮光器土偶^①被比作外星人，绳纹时代之谜备受瞩目。

日本在泡沫经济中的20世纪80年代至90年代，吉野里遗址^②热潮来袭，绳纹时代被讲述成不存在贫富差距与阶级的乌托邦。对于不堪泡沫经济与跨海战争两大重负的人们来说，可以说绳纹时代有着"慰藉心灵"的作用。

然而，到了21世纪，恰逢社会差别论盛行，认为绳纹时代实际上也存在贫富差距的言论不胫而走。当然，也有新证据出土这一外在因素存在。不过，如此回顾绳纹时代，便会发现它明显受到各个时代社会形态的影响。

就连与政治意识形态貌似毫无瓜葛的绳纹时代也受时代影响至此，可见与现代直接相关的历史描述中，掺杂有各种意图倾向也理所当然。明治维新便是其中代表事件之一。

● 大叔钟爱明治维新的理由

没有任何事件像明治维新那般一直被后世之人所利用[3]。

---

① 绳纹时代的陶器，形态近似人形，椭圆形的大眼睛几乎占据整个面部，与小耳、小鼻和小口形成对比。因其与纽特人用于阻挡雪地中强光的遮光器较为相似，故得此名。

② 位于日本佐贺县吉野里丘陵，是弥生时代大规模环濠聚落的遗址。其中的瞭望建筑物和双重壕沟等被视为日本城郭的起源。——译才注

③ 宫泽诚一著：《明治维新的再创造》，青木书店，2005年。书中认为，如果想综观沧海桑田的明治维新，田中聪的《看破明治维新的"谎言"指南书》（河出新房，2018年）也许更为合适。

一般来说，提起明治维新，多数情况下会将其描述成革命派的萨长①青年们推翻迂腐陈旧的江户幕府，为近代奠定基础的"日本的黎明"。

然而，最近有研究指出，德川幕府在美国黑船来袭后，多次大刀阔斧地进行改革，推进了军制、税制与人事系统的近代化②。若说为何匆忙建立起来的明治政府能统治整个日本，是因其沿用了江户幕府的行政组织③。仅靠萨长的乡间志士孤军奋战是无法维持政府运转的。

另外，尽管攘夷呼声日益高涨，幕府却从始至终都在回避战争④。究其原因，幕府深知一旦同强大的军事力量展开全面战争，日本将毫无招架之力。

那么，"熠熠生辉的明治维新"与"迂腐陈旧的江户幕府"的印象究竟是如何形成的呢？当然，作为历史赢家的明治政府所实施的形象战略，与司马辽太郎的历史小说产生的影响均功不可没，但更为本质的是，与将"日本的开端"定于何时这一历史观息息相关。

当一个共同体面临重大危机时，往往会主张回到原点。在现代日本看来，"回想人类踏足日本列岛的4万年前"行不通，"回归神武天皇的时代"也属天方夜谭。

于是，人们想起了明治维新。总之，就类似于"乔布斯时期的苹果公司"一般。

---

① 萨摩藩与长州藩。——译者注
② 自1853年佩里来到日本以后，江户幕府马不停蹄地实施了安政改革、文久改革、庆应改革。江户幕府在此至1867年大政奉还的14年间发生了翻天覆地的变化。
③ 门松秀树著：《明治维新与幕臣》，中公新书，2014年。
④ 保谷彻著：《幕末日本与对外战争的危机》，吉川弘文馆，2010年。

谈起应该回归的原点，人们脑海中总会浮现出明治维新。

事实上，明治十年时早已兴起了第二维新运动，此后大正维新与昭和维新的呼声都空前高涨。从 1992 年成立的"平成维新会"和 2010 年诞生的"大阪维新会"的名称中可以看出，即使在现代，当人们呼吁社会危机时仍旧会打着"维新"的旗号。

明治维新可谓是近代日本唯一一场独立进行的革命。因此从该意义上，寻求变革的人们也会一次又一次地追溯明治维新。

● 历史教科书上的内容是真的吗？

就这样，历史被后世之人频繁利用。将历史描述成唯一真相的说法，几乎是痴人说梦。

没错，历史原本就是千人千面。

例如，20 世纪 90 年代末，一本面向大众的名为《国民的历史》历史书荣登畅销书宝座[1]。书中宣称"历史"并非"科学"。所谓"历史"，是"人类智慧的结晶，与现代人对未来的展望、不安和欲求密不可分，是人性化解释的世界"。尽管该宣言充满浪漫色彩，但按这种说法来理解，历史书与历史小说几乎无异。

正统的历史书是以先行研究与史料为依据，在批判性研究的基础上[2]完成的。因此，专家执笔的历史书在多数情况下"含糊不清"。例

---

① 西尾干二著：《国民的历史》，产经新闻社，1999 年。当时，对包括太平洋战争的近现代日本史给予肯定的市民运动开展得热火朝天。运动的核心力量即西尾等人设立的"新历史教科书编纂会"。可以说，如今"网络右翼"群体的思想根源也是"编纂会"。

② 小田中直树著：《历史学是什么？》，PHP 新书，2004 年。

如，即使是关于武士的由来与织田信长被暗杀的真相等热门话题，也几乎没有人将某一解释奉为绝对真相①。而且，不仅限于历史学，这也是社会科学研究的基本方法②。

另一方面，《国民的历史》所描述的，是作者信奉的正史，并不会出现专家执笔历史书时所特有的模棱两可。

然而仔细想来，教科书中也对种种史实做出了定论。一起来看看某本面向小学生的教科书吧。

"哀叹时代每况愈下的神武天皇""豪族为了守住领地而精进武艺，成为武士""东京奥运会的成功举办给予了国民自信，成为产业发展的契机"③。

正因为教科书是由多名历史学家共同执笔完成，所以鲜少刊登奇谈。虽说如此，硬想挑出毛病，也是要多少有多少。实际上，武士的由来存在诸多假说，关于1964年的东京奥运会是否真正取得了成功以及是否成为国民自信之源与发展契机，均无法验证④。

诸如此类，记载着诸多史实定论的教科书有利于提高学习历史的效率。不过，一味苦读教科书并不是学习历史的唯一方法⑤。

---

① 仅靠简明的因果关系描述的历史接近于阴谋论。详见吴座勇一著：《阴谋的日本中世史》，角川新书，2018年。

② 从再现性出发，同等看待历史学与自然科学的观点同样存在许多批判声。不仅限于历史学，这是人文学与社会科学共通的问题。

③ 《新编 新社会6（上）》，东京书籍，2015年。

④ 经济早在奥运会开幕前就已经开始高速增长，人口红利与赶超型近代化所带来的好处远胜于单纯的体育赛事。如此想来便更容易理解。

⑤ 多数教科书与通史读起来都味同嚼蜡。如此说来，我曾在某位保守派政治家的书房中看到《国民的历史》，但翻开书完全没有发现阅读的痕迹。

● 历史即彰显权力的装备

思考"历史"一词的词源，便可理解为何对历史的认识难以调和及共享。

日语中汉字"歴"（历）是"暦"的成对变体字，本义为屡立军功，象征权力与暴力。"史"源自"向神进贡的史祭"[1]。

即使在古代日本，历史书也是为了记录过往政务，以求将统治正当化而编写。可以说现存最古老的"正史"《日本书纪》正是以向国内外彰显自身权力为目的编纂而成[2]。

在现代日本，总理大臣与政治家之所以位高权重，是因为他们经由《宪法》和法律等选举产生。但在尚未采用民主制的古代日本，当权者必须彰显自身的领导魅力与政权的正统才能实行统治。

于是，古代日本的当权者决定将自己包装成神明后裔。在《日本书纪》中，天皇家族及其周围当权者的地位与权力都被赋予了正当性。例如，某家族原本是神明子孙，长年侍奉着天皇家，因此如今也身居高位之类的。神话中充斥着矛盾与虚伪，大概是因为需要编撰内容满足彼时多数当权者吧。

我们可以试想一下传统企业编撰企业史的情形。身为创建者的董事长竭尽全力书写企业史，想要展现自家企业的历史与传统。

然而，经调查发现，从创业者到现任董事长之间存在系谱中断、相关资料一片空白的时间，还存在以与创建者缘分深厚为由空降公司

---

① 佐藤卓己著：《人文历史学》，岩波书店，2009 年。

② 《日本书纪》完成于 720 年，而在 6 世纪中叶，《帝纪》《旧辞》等历史书已经完成。正如稻荷山古坟出土的铁剑（第九章）所见，连地方也存在文字化的族谱。因此，也有研究者认为《帝纪》完成于 5 世纪后半期。

的领导，实则没有任何证据可以证明等情况。

此时，企业史编纂室成员们面临着抉择。是如实描述，还是哪怕适当掺入夸张和虚构，也要边关注董事长和领导的脸色边编撰呢？

《日本书纪》显然选择了后者。当然，若是完全谎话连篇，有被其他公司或者兼并而来的企业员工吐槽的风险。因此，要保持适当的虚实结合。对于个别实在无法统一口径的部分，则采用多种说法依次介绍。

就这样，从完成于720年的《日本书纪》到完成于901年的《日本三代实录》，其间完成的所有作品合称"六国史"[1]。在作为国家事业编纂而成的历史书中，上至历代天皇传记，下至彗星出现，皆有所记载[2]。

被荒唐解读的历史

人们是如何阅读《日本书纪》等历史书籍的呢？似乎主要将其作为参考先例的指南。特别是重视代代相传的贵族社会，会将过去的政务信息视若珍宝。

于是，历史书本身也成了类似于如今公报合集之类的书物。当国家成熟到一定程度，《日本书纪》的目的——特意强调其正当性——便不再需要了。

---

[1]　实际上由《日本书纪》（720年）、《续日本纪》（797年）、《日本后纪》（840年）、《续日本后纪》（869年）、《日本文德天皇实录》（879年）、《日本三代实录》（901年）合称的"六国史"，并非是当时的称呼。

[2]　另一方面，记录于木简上的事务信息与例行活动均无收录。"六国史"相关内容参考了远藤庆太著：《六国史》，中公新书，2016年。

时代的车轮滚滚向前，一路上留下个人日记的天皇与贵族也越来越多。日常政务内容自不必说，还有记录官僚履历式的日记。如此一来，即使国家未留下正史，这些日记也能提供必要的信息[①]。

结果，《日本三代实录》完成以后，作为国家事业的正史编纂也没了下文。并非是当权者正式下令终止了编纂工作，而是他们感觉没有必要了。

后来，由国家主导的日本正史编纂工作最终销声匿迹。尽管此后又出现了以"大日本乃神明之国"开篇的《神皇正统记》，以及水户德川家编纂的《大日本史》等具有影响力的历史书，但这些书籍都并非正史。

不过，进入中世以后，《日本书纪》开始被极度荒唐地进行解读，想必原编纂者无论如何也是想不到的。天照大神在列岛各处飞行，国常立尊[②]被视为终极的根源之神，一时间荒唐的奇谈漫天飞。据说，在那些奇谈的支持者中也有天皇[③]的身影。

● 为"国家"开展的历史教育

1868 年明治政府诞生后，《日本书纪》与《古事记》再次受到

---

① 另外，《源氏物语》与《荣华物语》等文学作品中，在中世时也曾作为"历史书"被使用。其中基于事实的题材较多，研讨十分热烈。

② 日本神道教所说天地剖判后最初出现的神。——译者注

③ 15 世纪，后土御门天皇喜爱吉田兼具的神道讲义。在战乱（应仁之乱）此起彼伏的时代，公家社会的人们追求救赎，祈盼"神道的复兴"。尽管也有过认为阅读如此立足于神道教义的"中世日本纪"毫无价值的时代，但如今这却是珍贵的研究对象。详见山下久夫等编：《求问日本书纪一三〇〇年史》，思文阁出版，2020 年。

瞩目。究其原因，为了结束武家政权，建立以天皇为中心的国家，便不得不参照天皇作为直接指导者的古代时期①。

《小学日本史略》《国史教科书》等面向明治时代孩子们的历史教科书，开篇简直与《日本书纪》《古事记》的摘要如出一辙②。

特别是在《小学日本史略》中，时至镰仓时代，仍以天皇为中心进行描述，甚至都没出现"幕府"一词。更令人惊讶的是，教科书中真的以"天之御中主神"的登场与"天地剖判"等神话开篇③。

由于弥生陶器是 1884 年在日本发现的，因此 1883 年发行的《小学日本史略》中不存在考古学相关记载也无可厚非。

然而，1927 年发行的《寻常小学国史》仍然以"天皇陛下的先祖是天照大神"开篇，丝毫未见考古学见解的踪影。

8 世纪的《常陆国风土记》中便有关于贝冢的记述，1716 年新井白石发表了石器论，对于人类何时入住日本列岛的兴趣古来有之④。不仅如此，1877 年海外动物学研究者发掘出东京大森贝塚，具有科学性的"日本民族论"引发了热议⑤。

"日本民族论"甚至还被用于日本"正当化"统治亚洲的解释中，

---

①　及川智早著：《日本神话被如何描述》，新潮选书，2017 年。

②　教科书的正文可以在日本国立国会图书馆数据收集网站阅览。在对当时教科书的情况进行简要概括的书籍中，推荐福田弘智著《在现代看来不可思议！100 年前令人吃惊的历史书》一书。

③　"天之御中主神"是《古事记》中最早登场的神。"天地剖判"指天地一分为二。

④　新井白石在《古史通》中将神立为人类的前提，详细研究了历史书籍。

⑤　爱德华·莫斯对大森贝塚进行了研究，认为列岛上的古代人有食人习俗。关于日本民族论，详见小熊英二著：《单一民族神话的起源》，新曜社，1995 年。

然而在小学教科书中，神话却仍被当作"历史"讲授。

原因仅在于，天皇的正当性依据便是始于神话。

在《寻常小学国史》最终章"国民的觉悟"中，记述着在日本"万世一系"的天皇始终以慈爱之心对待国民，"国民"必须对"朝廷"立誓以示忠诚。

现场授课的教师似乎也操碎了心。听说某小学教师在讲述天孙降临的来龙去脉时，被学生问道"从天而降不会摔个够呛吗"，"老师，乘飞机不就行了吗"，等等。教师往往会陷入窘境，不知如何作答。

在受科学考验的时代，将神话如事实一般教授无疑是强人所难。不过，也有记录显示，到了战争末期，面对提出"老师，这肯定是假的"等疑问的孩子，教师答道"你这家伙是足利尊氏 ① 吗，你算什么东西啊"，随后用木刀对其进行体罚 ②。

对充斥着谎言的历史观的反抗，成了战后历史学的原动力。日本史的描述方法一路变幻不息。

● **《日本书纪》值得现代人读的理由**

"历史"一词，包含着若干意义，展示掌权者正当性的历史、煽动国民的历史、科学至上的历史等。

想必日后，描述历史的风格还会继续变化吧。讲解史前时代时，行为遗传学与生物进化学的见解已然不可或缺。

---

① 室町幕府初代将军。攻入京都后，他流放了后醍醐天皇，在日本历史上一直是乱臣贼子的形象。直至近代，人们才对其有所改观。——译者注

② 古川隆久著：《建国神话的社会史》，中公选书，2020 年。

与此相对，不变的是以留存的史料为依据描述历史的方法。暂且不论历史书一类"有意史料"与遗址、基因组信息"无意史料"之间的区别，总之，在信息真空地带里描述历史简直是天方夜谭。

就该点而言，无论编纂意图为何，《日本书纪》与《古事记》等资料留存至今实属侥幸。究其原因，在印刷技术尚未普及的时代，制作复本只能通篇手抄。加之无法通过云端保存数据，若书籍惨遭灾害与战争，会在顷刻间化为乌有。

《日本书纪》等历史书，辗转历经无数家庭，特别是在某热心人竭尽努力下才得以流传至今。尽管如此，"六国史"中的第三册《日本后纪》，总计 40 卷的内容有 3/4 因应仁之乱散逸在了历史长河之中。反之，即使现存的其他历史书追溯到同样的历史也不足为奇 [1]。

留存下来并非易事。在近代，日本人对留存物件并无强烈的愿望。1945 年战败后，在占领军 [2] 到来以前，日本烧毁了许多战争相关资料 [3]。进入 21 世纪后，更是有篡改档案与数据造假等丑闻曝光。

只不过，即使国家再怎么说谎掩盖，现代发生的事件依然会以完整的形式留存至未来。究其原因，日本列岛各地的人们每天都在用智能手机留下大量的档案。未来的历史学者想必不但不会因为资料稀少，反而会因为资料过多而苦不堪言。

---

① 若《日本书纪》早已失传，现在只能从邻国的历史书或考古学资料中对古代史进行研究——从包括寺院在内的建筑物、古坟等遗址中，推测王权建立的过程。但这样的话，《天上之虹》（描写日本第 41 代女天皇持统天皇的长篇历史漫画，连载时长达 30 年）便无从诞生了。

② 日本战败之后，以美国为首的联合国军占领日本长达数年。——译者注

③ 《占领前烧毁文书之指示》，《读卖新闻》2015 年 8 月 10 号。其实，同样的证言不胜枚举。

● 历史的车轮将继续前行

当然，本书所描述的并非是完全中立的历史。

本书使用了古代（聚集）、中世（崩溃）、近代（再聚集）这一时间跨度较大的划分方式，对日本史进行了简明易懂的说明。若强行概括的话，大致如下：

大约 4 万年前，人类登陆日本列岛，在漫长的岁月里基本过着和平的生活。大约自 3000 年前（公元前 10 世纪）起，群落扩张，战争与日俱增。经历了第一个战国时代后，逐渐将列岛纳入自身统治之下的王权于 3 世纪前后诞生。7 世纪，人们将最高统治者称为"天皇"，定国号为"日本"。日本列岛合而为一的时代被称为"古代"。

12 世纪伊始，时代转而迈向天皇、上皇、贵族、武士、寺院等众多权力共存的中世。中世是中央力量削弱、地方势力崛起的时代。经过 16 世纪的乱世，日本在 17 世纪再次合为一体①。

接下来，19 世纪，日本凭借从西方引入的思想与技术，实现了真正意义上的国家统一，这段时期通常被称为"近代"。然后，日本又在大型战争中落败，死亡者不计其数。日本列岛上实现了史无前例的经济增长，这是富裕之人层出不穷的时代②。

像这样聚集—崩溃—再聚集的历史观终归不过是一种观点。或许有人认为它对古代评价过高，又或许最终会受到轻视民众史观的批判。

---

① 所谓的江户时代，日语中称为"近世"，英语中称为"近代前期"（见第四章）。

② 若对近代与现代进行划分，多以实现了一定程度近代化的 1970 年为分界线。也有研究者将 1970 年之后的时代称为"后近现代"，而非"现代"。

更为根本的问题在于"日本史"是否真的存在。

正如本书所描述的，古代至现代，日本的形态多次演变。虽说天皇家存续超过了 1000 年，但 7 世纪、19 世纪与 21 世纪的日本绝对有天壤之别。

尽管如此，现代人也能在各个时期的日本中抽丝剥茧出连续性，这正是由于"历史"的存在。

当然，也可以采用如下说法：之所以创建作为通史的"日本史"，是因为现代人对"日本人"与"日本"的虚构（设定）坚信不疑。类似本书的"日本史"之所以能够流通，是因为现代人仅凭上古时期毫无干系的人们的居住地后来成为日本的领土，便觉得他们倍感亲切。

不过，这样的行为并非一时兴起。正如本章所写，当权者自古以来便对历史抱有兴趣。生活在各个时代的人也会通过种种方式关注历史，只是没有用文字记录下来罢了。流传于全世界的神话以及事物的传承，便是其佐证。

或许在某一天"日本史"会消失，进而被整合为"世界史"与"地球史"。又或许是像"矢来町史"与"纪尾井町史"那般微观的历史受到瞩目的时代来临也不足为奇①。

归根结底，历史是基于证据与推论的结合而成的叙述。有人留存，有人守护，历史才得以一直延续。要做历史的学问，就只能参与其中。阅读本书也是同理。像这样，历史的车轮将继续前行。

---

① 或许 AI 还能进行历史定制，综合读者的个人信息与住所，编撰一本"为你编的历史书"。

后　记

最近我接连写作《平成君，再见》与《问我为什么？》等小说，同社会与历史等严肃主题真是久违了。

想必每位小说家都知晓，故事必须要有让读者读下去的逻辑。

那便意味着主人公要有明确目的，他与她想做什么一目了然。内容是主人公朝着目标前进的故事。若非如此，读者不清楚"这个故事到底讲了什么"。最近的纯文学作品中曾出现不少类似的情况，不过不知道本书的读者是何许人也，我们暂时还是不指责了。

我心知肚明，书写那样的故事并非易事，日本史教科书便是典型的无趣小说之一。

主人公并非只有一个。虽然也有胸怀抱负且魅力十足的人物出现，但历史主角经常走马灯似的变化。因此，即使读者努力读下去，也完全不明所以。

反观织田信长与坂本龙马人气高涨的原因，是他们有明确的目标（看起来是如此），于是便明白，为何聚焦于英雄的作品如雨后春笋般层出不穷。

然而，本书中不仅几乎没有英雄登场，反而还有意识地避免使用专有名词。因此，阅读本书时很难对任何一段情节产生迷恋。取而代之的是，我怀着一种小说中难有的愉悦感来写这部书。那便是以化身神明般的视角，尽可能宏观地描述日本史。

孩童时期，我喜欢绘制架空的街道地图。即使略去细节，仅把握全貌，也会获得特别的快感。

同理，每当行至新的街区，我一定会登上高塔或摩天大楼的展望台。从展望台放眼望去，虽然看不清街道上居民的面貌，也不了解他们的生活，但我能窥探到人们交织而成的日常生活、将有机联结的街区本身尽收眼底。

本书尽全力描述了日本本身。展望台作为眺望的有利地点，将东南西北一览无余，尽观东边与西边有风景全然不同的街道也不足为奇。1000 年前的日本与如今的日本完全不同。但将两者视作同一个"日本"进行描述，正是展望台视角所独有的特权。

本书的尝试能取得多大的成功仍是未知数。若你在走下展望台后，本书能对你理解眼前所见有一点帮助，我将倍感欣慰。

许多人习惯从后记开始阅读。据我个人分析，这是因为后记是最能展露作者的目的与个性的地方。了解作者的个性后，个人感觉深奥的学术书籍也会变得容易起来。

最后我再来谈一下创作此书的契机吧。

那是 2017 年 6 月的事。我原本计划在夏至前往波兰，但因祖母身体抱恙取消了。在这段闲暇时光中，我先买了一本《人类简史》，本打算只是速读一下，但因为闲来无事，便有充足的时间来阅读。由此，我意识到原来有这种描述历史的手法，不知自己是否能用类似的手法描述日本史呢？

然而，我并非历史学家，对创作通史有些犹豫，也不想创作《人类简史》般上下卷足有 600 页的书。日本史一类体裁想必不会消失，日后再写也可以。

　　当时正好我首次创作小说，虽然心里想要推迟写作日本史，但避免使用专有名词且以宏观视角叙述历史的想法却在脑海里挥之不去。尽管这是事后的解释，或许当时也是想在思维上平衡一下才开始写作本书。毕竟小说要将个人的经历和感受描写得淋漓尽致。我的处女作《他真的很温柔》便是写祖母的。

　　本书最初连载于《新潮45》与《波》，有幸获得若杉良作与出来幸介两位先生的青睐，成功立项后，由西山奈奈子女士中途接手连载的编辑工作。最终得以出版，离不开后藤裕二先生的鼎力协助。

　　若有人能坚持不懈地读到这里，我真是欣喜至极。从后记开始阅读的读者，请你们坚持读完，直到与本篇后记再度相逢。